中国人民大学研究报告系列

中国新生代员工激励和管理研究报告

2022

RESEARCH REPORT ON MOTIVATING
CHINA'S NEW-GENERATION EMPLOYEES

主　编　徐世勇
副主编　王艺晓　俞　佳

中国人民大学出版社
· 北京 ·

总序

当前中国的各类研究报告层出不穷，种类繁多，写法各异，成百舸争流、各领风骚之势。中国人民大学经过精心组织、整合设计，隆重推出由人大学者协同编撰的“研究报告系列”。这一系列主要是应用对策型研究报告，集中推出的本意在于，直面重大社会现实问题，开展动态分析和评估预测，建言献策于咨政与学术。

“学术领先，内容原创，关注时事，咨政助企”是中国人民大学“研究报告系列”的基本定位与功能。研究报告是一种科研成果载体，它承载了人大学者立足创新，致力于建设学术高地和咨询智库的学术责任和社会关怀；研究报告是一种研究模式，它以相关领域指标和统计数据为基础，评估现状，预测未来，推动人文社会科学研究成果的转化应用；研究报告还是一种学术品牌，它持续聚焦经济社会发展中的热点、焦点和重大战略问题，以扎实有力的研究成果服务于党和政府以及企业的计划、决策，服务于专门领域的研究，并以其专题性、周期性和翔实性赢得读者的识别与关注。

中国人民大学推出“研究报告系列”，有自己的学术积淀和学术思考。我校素以人文社会科学见长，注重学术研究咨政育人、服务社会的作用，曾陆续推出若干有影响力的研究报告。譬如自2002年始，我们组织跨学科课题组研究编写的《中国经济发展研究报告》《中国社会发展研究报告》《中国人文社会科学发展研究报告》，紧密联系和真实反映我国经济、社会和人文社会科学发展领域的重大现实问题，十年不辍，近年又推出《中国法律发展报告》等，与前三种合称为“四大报告”。此外还有一些散在的不同学科的专题研究报告，也连续多年在学界和社会上形成了一定的影响。这些研究报告都是观察分析、评估预测政治经济、社会文化等领域重大问题的专题研究，其中既有客观数据和事例，又有深度分析和战略预测，兼具实证性、前瞻性和学术性。我们把这些研究报告整合起来，与人民大学出版资源相结合，再做新的策划、征集、遴选，形成了这个“研究报告系列”，以期放大规模效应，扩展社会服务功能。这个系列是开放的，未来会依情势有所增减，使其动态成长。

中国人民大学推出“研究报告系列”，还具有关注学科建设、强化育人功能、推进协同创新等多重意义。作为连续性出版物，研究报告可以成为本学科学者展示、交流学术成果的平台。编写一部好的研究报告，通常需要集结力量，精诚携手，合作者随报告之连续而成为稳定团队，亦可增益学科实力。研究报告立足于丰厚素材，常常动员学生参与，可使他们在系统研究中得到学术训练，增长才干。此外，面向社会实践的研究报告必然要与政府、企业保持密切联系，关注社会的状况与需要，从而带动高校与行业企业、政府、学界以及国外科研机构之间的深度合作，收“协同创新”之效。

为适应信息化、数字化、网络化的发展趋势，中国人民大学的“研究报告系列”在出版纸质版本的同时将开发相应的文献数据库，形成丰富的数字资源，借助知识管理工具实现信息关联和知识挖掘，方便网络查询和跨专题检索，为广大读者提供方便适用的增值服务。

中国人民大学的“研究报告系列”是我们在整合科研力量，促进成果转化方面的新探索，我们将紧扣时代脉搏，敏锐捕捉经济社会发展的重点、热点、焦点问题，力争使每一种研究报告和整个系列都成为精品，都适应读者需要，从而铸造高质量的学术品牌，形成核心学术价值，更好地担当学术服务社会的职责。

前言

新生代员工（95后）日渐成为工作场所中一股不可忽视的力量，该群体与60后、70后等在工作价值观、工作态度等方面存在较大差异，如何对其进行有效管理成为管理者必须面对的课题。

工作价值观是个体对工作场所中的事物进行对与错评判的内在价值评价系统，能够对个体的工作满意度、组织承诺等工作场所的心理变量产生持久影响，因而本研究聚焦于对95后工作价值观进行调查和分析。

通过文献分析、访谈及问卷调查等方法，本研究对如下问题进行了探索：一是对工作价值观与管理策略进行单次调查，帮助管理者了解95后的工作价值观，以便更好地制定政策，做到有的放矢，避免因忽略代际差异而阻碍新生代员工的发展。二是跟进更新，了解并追踪95后进入职场后的工作价值观波动。受大环境以及组织培训、社会化过程和个体职业生涯发展的影响，新员工的工作价值观可能产生波动，对这种变化的捕捉能够帮助组织及时更新政策，为95后提供更好的成长与发展环境，也为组织制定相应政策提供参考。本研究搭建以“新生代员工工作价值观”为主题的数据平台，在了解新生代员工工作价值观内容的同时捕捉其变化，为科学开展新生代员工激励、更好地制定管理政策提供有价值的建议。本报告主要依据当前实施的2022年项目的调查结果，并根据研究问题的需要与2020年项目的调查结果进行了必要比较。

项目通过“滚雪球”的方式进行网络问卷的发放，最终在2022年回收有效问卷 2 459 份，在 2020 年回收有效问卷 5 000 多份。问卷内容主要通过对人们职业选择时主要考虑的工作价值观维度进行重要性排序的分析，来探讨工作价值观各维度的相对重要性呈现出的特点和规律。此外，还调查了 95 后和 95 前对公司内一些与员工相关的管理政策的评价。调查问卷的填写者包括企业界各行各业各个层次的从业者、业务部门的管理者以及部分高校的研究者。

经过问卷回收与分析，本报告得出了一系列结论，主要分为两大部分：一部分是对工作价值观特征的分析，另一部分是对公司管理政策看法的分析，具体如下：

(1) 对工作价值观特征的分析结论：新生代员工最重视学习与成长的机会，其次是薪酬，然后是人际关系，最不重视的三项是单位名气、工作体面性和权力，95 后在工作中是比较务实的一代，对务虚的内容不会过分关注；实际上，95 后的工作价值观与 95 前眼中 95 后的工作价值观存在一定的偏差；95 后眼中 95 前对 95 后工作价值观的看法与 95 后实际的工作价值观存在一定差异；95 后对 95 前在工作价值观方面如何看待自己这一问题的理解上也存在非常大的偏差；95 后与 95 前的工作价值观总体上代际差异不大，但在少数几项维度上存在显著差异；在 95 前眼中，95 后与 95 前在工作价值观方面存在明显不同，具有较大的代际差异；95 前在认知上夸大了自己与 95 后在工作价值观方面的代际差异；在工作价值观的演变分析上，95 后的工作价值观以及 95 前对 95 后工作价值观的判断随着时间的推移发生了些许改变，虽然在一些维度上差异显著，但是差异幅度不大。

(2) 对公司管理政策看法的分析结论：95 前和 95 后对于创新政策、加班政策的看法不存在显著差异；95 前和 95 后对于个人利益政策、工作-家庭平衡政策、培训政策、离职、“老同志”摆老资格问题、办公室政治问题的看法存在显著差异；在其他管理政策上，如领导类型偏好也有轻微差异；就公司基本管理政策而言，95 后的观点在两年中并没有随着对职场了解的深入与工作经历的丰富而产生颠覆性的变化，总体上具有一定的稳定性；从对公司激励制度的偏好来看，95后越来越现实并且越来越聚焦；在职业生涯继续推进了两年后，95后对公司管理政策是否充分考虑了95后特性这一问题的态度也发生了一定的变化。

本书的章节安排如下：第一部分介绍本研究的背景与概况，详细阐述了项目设计的背景、项目研究思路和方法、实际调查的样本和过程。第二部分总结了通过本研究得出的一些总结和结论，该部分对调查样本特征、工作价值观特征的发现、公司管理政策看法的发现进行了总结。第三部分先后对2020年和2022年的样本进行了侧写，角度包含性别比例、年龄段占比、早年生活所在地分布、最高学历分布、所学专业分布、星座分布、岗位类别分布、工作年限分布、工作职级分布、单位规模、单位性质、所属行业。第四部分和第五部分是本书的核心。第四部分具体对工作价值观的特征展开分析和叙述，分别从95后工作价值观总体特征，95前与95后之间的对比分析以及不同年度工作价值观的演变分析这三个角度进行统计学分析和叙述。第五部分对公司管理政策的看法差异进行分析与阐述，分析被试对公司基本管理政策、公司激励制度以及其他管理政策的看法，并进一步分析95后随着时间的变化对这些制度看法的转变。第六部分根据本研究得出的一系列具有规律性和价值性的发现，提出了一些有针对性的对策和建议，以期为新生代员工的管理提供实践启示。

本书的大致分工如下：我与两位博士生王艺晓和俞佳共同撰写了本书。我负责第一部分和第六部分，并负责全书定稿。俞佳负责撰写第二部分、第四部分（第一模块、第二模块），王艺晓负责撰写第三部分、第四部分（第三模块）和第五部分。

书中有不当之处，敬请读者批评指正！

徐世勇

本书章节安排如下：第一部分介绍本研究的[illegible]，并介绍了[illegible]的背景、设计研究思路和方法，采用调查的样本和过程。第二[illegible]对[illegible]研究[illegible]一些方法和结论，[illegible]第二部[illegible]对2010年和2022年的样本进行了[illegible]，[illegible]分布、地区分布、[illegible]分布、[illegible]分布、工作[illegible]分布[illegible]、[illegible]、[illegible][illegible]家庭[illegible]和[illegible]的[illegible]进行[illegible]。[illegible]

本书[illegible]如下：[illegible]，[illegible]、[illegible]（第一[illegible]，第[illegible]）[illegible]（第[illegible]章）[illegible]。

[illegible]

[illegible]

目录

第一部分　调查背景与概况

一、研究背景

新生代员工（95后）日渐成为工作场所中的主力军，其队伍逐渐壮大，也在工作场所中发挥越来越重要的作用，但由于其成长的社会、经济、时代背景等的特殊性，该群体与60后、70后甚至80后员工在工作价值观、工作态度与职场行为等方面都存在显著差异，如果仍然以过去的思路和方式对新生代员工进行管理，必将遭遇重大阻碍。因此，如何管理这一日益重要的职场生力军，成为当前企业管理者不得不面对的课题，而对新生代员工工作价值观进行关注是解决这一问题的突破口。

工作价值观是个体对工作场所中的事物进行对与错评判的内在价值评价系统（Smola & Sutton，2002），反映了个体的内在需要和价值诉求，且通常是在个体的青少年时期确定下来，并在个体一生中稳定维持，不易发生改变。工作价值观能够综合反映工作场所中的个体对工作本身（如薪酬、自主权和工作条件等），以及工作相关结果（如声誉、工作成就感等）的相对期望程度，其作为个体相对稳定的一个特征，能够对个体随后的职业选择、工作动力、工作满意度、组织承诺、离职倾向等产生持久的影响。对工作价值观加以关注，能够帮助企业管理者更好地制定相关政策，进行科学的管理。而目前已有研究探索了新生代员工工作价值观对员工工作绩效与行为的影响（侯烜方，卢福财，2018；汪群，赵梦雨，李卉，等，2017；侯烜方，李燕萍，涂乙冬，2014），对心理潜变量如心理契约、离职意愿、组织承诺等的影响（张伶，聂婷，赵梅，2017；钱士茹，徐自强，王灵巧，2015；杨涛，马君，张昊民，2015），以及对组织领导方式的影响（谢玉华，陈佳，2014）等。

出生在同一时期、同一年龄段的个体在成长过程中受到相同历史、时代文化、社会背景等的熏陶与影响，产生了独特且类似的成长经历与记忆，并最终表现为感知、构建和理解事件的思维模式、在工作场所中的态度与行为模式都愈发趋于一致。不同年龄段的群体则由于在年少时期经历了不同的社会、经济、文化事件，而在价值观、人格特质、态度偏好等方面存在大大小小的差异，各自具有自己时代的特征。90 后工作价值观的形成受到其成长环境的影响（覃芳，2018）。95 后由于成长的经济文化背景、经历的社会发展等与 60 后、70 后有着显著差异，因而在其价值理念、行为模式等方面也必然存在或明显或细微的不同，因此在工作场所，不同代际的工作价值观必然表现出差异，代际价值观的差异已引起了学者们的关注（如魏莉莉，2016；宫敏燕，2017；包蕾萍，2019）。

目前 60 后、70 后以及 80 后由于其长期工作经验的积累、工作经历的丰富，已经成为组织中的中坚力量，组织中确定战略、制定决策的任务也通常由这些年龄段的个体承担。而 95 后作为进入职场时间尚短的新生代群体，其在组织中大多受到组织战略、政策、任务等的支配与约束。但这一群体日益壮大，成为组织中日益发挥重要作用的一个庞大群体，在未来也必将逐渐成为组织的中流砥柱，因而对这一群体的关注必须得到组织管理者的重视。价值观是能够影响个体的态度，指导、规范个体的行为的个体内在价值评价系统，对其的关注就显得尤为重要，在工作场所中则体现为对新生代员工工作价值观的探索。70 后、80 后作为组织中的管理者、决策者，有必要对 95 后的工作价值观进行了解，以便更好地制定政策，有的放矢，避免因忽略了代际的差异而阻碍了新生代员工的发展，降低管理效率。

除代际的工作价值观差异与变迁值得注意外，95 后本身的工作价值观可能也会在进入职场后发生潜移默化的改变。首先，95 后工作经验相对较少，大多是从校园直接进入职场的，对社会生活或职场生活的想象与现实经历的落差，可能会给其带来冲击，从而使其工作价值观产生相应的波动；其次，在进入职场后，组织会对员工进行培训，其中包括组织文化的熏陶与灌输，95 后由于缺乏工作经验与相应的社会经历，很有可能受到组织的影响而动摇其最初的工作价值观；再次，新生代员工在进入职场后需要面临一个社会化的过程，在这个过程中员工可能受到组织中新老员工的共同影响，在不知不觉中内化他人的一些想法和观点，从而对自身的工作价值观产生一定的影响；最后，除个人与组织影响外，从大环境而言，我国目前仍处于过渡转型期，即仍处在一个变化的过程中，这种大环境的变动也可能对新生代员工尚不稳固的工作价值观产生不可忽视的影响。因此，虽然价值观是个人相对稳定的特征，但是对于具体的工作价值观而言，尤其对于新进入职场的员工来说，大环境的影响以及组织的培训、社会化的过程，可能会使其产生一定的情绪波动，对这种变化的捕捉也至关重要，能够帮助组织及时跟进与更新政策，为 95 后提供更好的成长与发展环境，为组织争取更大的利益。

40 年多年来，中国的经济社会文化环境一直处于快速变化当中，人民的生存条件获得了长足的提升。在中国，代际价值观的差异很容易被捕捉到，已有学者探讨了这种差异对员工与组织等带来的影响（如苏晓艳，苏俊，田海英，2021；赵宜萱，赵曙明，徐云飞，2019；张光磊，陈汇，刘文兴，2018)。本研究在前人研究成果的基础之上，聚焦于新生代员工的工作价值观现状，以及对这个问题看法的代际差异，试图找出存在的问题与遇到的挑战。同时，对新生代员工的工作价值观进行追踪比较，关注社会大背景以及组织社会化等对其产生的影响。通过调查用数据来分析上述问题，为科学开展新生代员工激励、更好地制定相关管理政策提供有价值的建议。

二、调查概况

新生代员工（95 后）工作价值观调查及管理策略研究报告依托于 2022 年中国人民大学科学研究基金项目以及 2020 年公益性调查项目的结果。两次项目均由中国人民大学劳动人事学院人力资源开发与评价中心、中国人民大学公共管理学院人才与领导力研究中心联合设计与实施，其间得到了猎聘人才与组织发展研究院的大力支持。项目团队针对 95 后的工作价值观与管理策略展开连续调查。本书主要依据 2022 年项目的调查结果，并根据研究问题的需要与 2020 年项目的调查结果进行了必要比较，最终形成了全部内容。

（一）问卷介绍

本研究关注新生代员工（95 后）的工作价值观现状与对于这一问题看法的代际差异，聚焦于解答“新生代员工为什么工作”“新生代员工在工作中最在意什么”等实际问题。为了解决这些问题，由课题组负责人牵头设计调查问卷，通过网络和部分培训课堂发放问卷。虽然本研究并非十分严谨的随机抽样和分层抽样，但仍具有一定的代表性，一定程度上能够反映新生代员工存在的问题。

调查问题涉及个人人口统计学信息、95后对自身工作价值观的评价、95前对95后工作价值观的判断以及95后与其他年龄段对于公司管理政策的看法差异等内容。

本报告以2022年项目的调查问卷结果为主，同时以2020年调查问卷结果为辅助，探索95后工作价值观的现状与变化。2022年项目的调查问卷由四大部分组成，分别是个人基本信息、所在单位信息、个人工作价值观和公司管理政策。

第一部分主要调查个人基本信息，共10道题，涵盖性别、出生年份、早年生活所在地、最高学历、所学专业、星座等问题，以及岗位类别、工作年限、工作职级等与工作相关的问题。

第二部分主要调查被试的所在单位信息，共5道题，包括单位规模、单位性质、所属行业、所在省份和单位所在城市。

第三部分涉及个人工作价值观，2022年项目的调查问卷在此部分设置了两道题。针对95后，第一题调查他们对自身工作价值观的评价，邀请个人对包括“学习与成长的机会”“令人舒心的办公环境”“晋升速度快”等在内的20项工作价值观的重要性进行打分。这些维度主要来自一些学者的成熟研究（覃芳，2018；孙美佳，2017；栾贞增，杨东涛，詹小慧，2017；肖冬霞，2016；魏莉莉，2016；邓希泉，2016；吴丹，2015；陈坚，2012；刘凤香，2011；佘双好，2009；洪莉，2009），并结合95后的特点做了修改。第二题调查在95后眼中，单位的领导和同事是如何看待95后工作价值观的，具体的问题表达为“在您单位的领导和年长同事的眼中，95后的年轻人最看重的是什么?”针对95前，第一题调查对自身工作价值观的评价，具体的问题表达为“以下是我们进行职业选择时经常要考虑的一些因素，它们的重要性因人而异。在您人生当前这个阶段，您最看重工作的哪些方面?”第二题调查95前对95后工作价值观的看法，具体问题表达为“根据您的观察与判断，您认为现在的 95 后年轻人最看重的是什么？”

第四部分涉及公司管理政策。由全年龄段进行填写，关注的是不同年龄段对公司管理政策的看法。这部分共设置了 12 道题，主要涉及创新政策、个人利益政策、工作-家庭平衡政策、培训政策、办公室政治问题等内容，分析不同年龄段对于公司管理政策的看法差异。

相比 2022 年的问卷，2020 年的问卷在第三部分只设置了一道题，具体来说，针对 95 后调查了他们对工作价值观的排序，针对 95 前调查了他们对 95 后工作价值观的看法，缺少了对 95 前工作价值观的调查和 95 后眼中领导和同事如何看待 95 后工作价值观两大块内容，其余部分（个人基本信息、所在单位信息和公司管理政策）与 2022 年一致。

（二）项目研究思路和方法

本项目的研究思路如下：首先，对相关的文献进行整理和分析，包括价值观、工作价值观、社会变迁等内容，为本项目的研究奠定理论基础；其次，通过理论分析，对工作价值观的定义、结构进行界定；再次，通过问卷分析，挖掘新生代员工工作价值观的特点与规律，以及员工对公司管理政策的看法；最后，根据研究结果提出有针对性且相对全面的实践建议。

本研究通过问卷调查和深度访谈等形式，对人们职业选择时主要考虑的工作价值观维度进行重要性排序分析，来探讨工作价值观各维度之间的相对重要性呈现出的特点和规律。此外，还调查了 95 后和 95 前对公司内一些与员工相关的管理政策的评价。具体而言，本研究主要探讨的问题有：

（1）新生代员工（95 后）的工作价值观主要考虑的因素是什么？

（2）不同年龄段对95后工作价值观的判断是否存在代际差异？

（3）95前是否能够准确判断95后的工作价值观？

（4）95后与其他年龄段对于公司管理政策的看法是什么？是否存在差异？

（5）随着时间的推移95后的工作价值观是否发生了演变？

本研究涉及的研究方法如下：

（1）文献梳理法。本研究通过梳理现有文献，掌握现有文献对95后工作价值观的研究现状和研究的深度，进而总结出研究的不足或需要深入研究之处，以不足之处作为切入点。此外，本研究中20项工作价值观量表的初始来源为成熟的工作价值观研究量表。基于工作价值观相关的研究（覃芳，2018；孙美佳，2017；栾贞增，杨东涛，詹小慧，2017；肖冬霞，2016；魏莉莉，2016；邓希泉，2016；吴丹，2015；陈坚，2012；刘凤香，2011；佘双好，2009），项目团队设计出初始工作价值观的20余个维度。

（2）访谈法。以访谈法作为辅助调查法，对95后和95前进行访谈，记录他们对自身工作价值观的认识和对95后工作价值观的看法，并用Excel等工具对访谈内容进行记录和处理，根据访谈结果对先前的文献整理获得的工作价值观进行优化，最终确定出20项工作价值观。

（3）问卷调查法。为了解和分析中国新生代员工工作价值观现状和工作价值观代际差异的具体情况，以及工作价值观在社会变迁时间维度和生涯发展维度的特点与规律，本研究采用结构化问卷，对中国企业新生代员工进行纵向调查，获取第一手调查资料。问卷的发放和回收主要以线上的形式进行。由课题组负责人牵头设计调查问卷，逐年对新生代员工展开调查。

（三）调查样本及过程

本项目通过“滚雪球”的方式进行了两轮网络问卷的发放，此外还通过部分培训课堂进行问卷的发放。2020 年的公益性调查启动于 2020 年 4 月 10 日，2020 年 5 月 9 日完成。2022 年的调查启动于 2022 年 2 月 25 日，2022 年 3 月 25 日完成。

本调查项目 2020 年回收有效问卷 5 061 份，2022 年回收有效问卷 2 459 份；调查问卷的填写者包括企业界各行各业各个层次的从业者、业务部门的管理者以及部分高校的研究者，通过对调查数据的简单分析，对 95 后工作价值观的总体情况，不同年龄段对 95 后工作价值观的判断偏差，95 后、95 前对公司管理政策的看法差异等问题都有了解与掌握。

第二部分　主要结论

本研究主要聚焦于95后这一新生代职场生力军的工作价值观问题。为探索相关问题，本研究于2020年4月至5月进行了预调查，在取得预调查的相关结果后对调查问卷进行了更新，并于2022年2月至3月进行了正式调查。

本研究即是在上述两次调查的基础上进行分析的。

首先，以2022年的数据为主要分析对象，探讨95后的工作价值观特征，以及95后对公司管理政策的看法等，从这两个方面总结95后在工作价值观方面的特点。

其次，除了95后样本，本研究涉及的调查样本也包含一定数量的95前，95前作为组织和公司中的“老人”，工作资历更深，受工作年限和工作经验的影响，其工作价值观相较95后可能更为稳定，且工作经验的积累逐渐使其成为组织当中的中流砥柱，在政策制定、制度规划上都发挥着重要作用。因此我们对95前的工作价值观也进行了探索，着重调查了其对95后工作价值观以及对公司管理政策的看法等，并将其数据与95后的数据进行对比，从两者之间的差异性捕捉一些有价值的问题，并得出相应结论。

此外，结合2020年与2022年两年的数据，探索随着工作经历的增长，两年的时间间隔是否带来了 95 后工作价值观的演变，以及发生了何种演变。通过上述调查与分析，本研究得到以下发现和结论。

一、调查样本特征总结

对 2020 年（样本量为 5 061）和 2022 年（样本量为 2 459）两年的有效问卷数据进行分析，我们得出以下结果。

（一）性别比例

两年样本的性别分布较为均匀，男女的样本都接近 1/2。

（二）年龄段占比

从年龄结构来看，样本都集中于 95 后，与本次聚焦于研究 95 后工作价值观的主题相符。80 后样本占比位居第二。

（三）早年生活所在地分布

从早年生活所在地（18 岁之前生活所在地）来看，两次调查的样本生活在乡镇与农村的占比最高。其次是县级城市、直辖市或省会城市、地级城市。

（四）最高学历分布

从最高学历来看，两次调查的样本均是本科学历的占比最高，博士研究生和其他学历的样本占比最低。

（五）所学专业分布

从所学专业来看。2022 年的样本所学专业与 2020 年差不多，都集中于管理学和工学。同时也有一些样本分布在其他各种专业。

（六）星座分布

从星座来看，两次样本十二个星座的占比都呈现出平均分布的特征。

（七）岗位类别分布

从岗位类别来看，2022 年的样本人力资源岗位的占比最高，而 2020 年的样本生产人员的占比最高。

（八）工作年限分布

从工作年限来看，2022 年的样本与 2020 年差不多，都集中在小于 3 年。

（九）工作职级分布

从工作职级来看，2022 年的样本基层管理人员和一线员工的占比最高，而 2020 年由于没有较为合理地划分工作职级，调查结果显示其他职级的占比最高。

（十）单位规模

从单位规模来看，两次样本分布较为均匀。在各个区间（100 人以下、100～499 人、500～999 人、1 000～4 999 人、5 000～9 999 人、10 000 人及以上）的占比差异不大。

（十一）单位性质

从单位性质来看，2022 年的样本与 2020 年差不多一致，集中于国有企业，但 2022 年的样本民营/私营企业的占比有所提升，与国有企业的占比差不多持平。

（十二）所属行业

从所属行业来看，2022 年的样本集中于建筑和房地产行业，而 2020 年的样本中，银行、金融、保险行业占比最高。

从各个维度（性别、年龄、早年生活所在地、最高学历、所学专业、星座、岗位类别、工作年限、工作职级、单位规模、单位性质、所属行业）的结果来看，样本均呈现出较为随机的特征，这为后面将 2022 年的调查结果与 2020 年的调查结果进行对比奠定了基础。

二、工作价值观的发现与结论

针对工作价值观，我们得出以下结论。

(一) 95 后工作价值观

根据问卷数据分析结果，我们可以得出结论：95 后最看重的三项工作价值观是“学习与成长的机会”“薪酬与福利保障等物质回报”“工作中具有良好的人际关系”。其中，95 后对“学习与成长的机会”的看重程度在两年（2020 年和 2022 年）的样本中都稳居第一。95 后作为新生代员工，对自身的学习机会和职业成长非常重视。这可能是由于 95 后受科技和移动互联网影响较深，在成长的过程中有更多机会接触新鲜事物，享受新科技带来的各种便捷与乐趣，这种环境也造就了 95 后较强的学习与成长需求。此外，由于成长过程中一直面临较强的竞争压力，尤其当前企业“内卷”严重，即使进入职场，95 后也存在一定的紧迫感，从而更加看重学习与成长的机会。虽然研究发现 95 后的工作价值观倾向于多元化，不再以赚钱为第一目的和唯一目的，但是“薪酬与福利保障等物质回报”仍然是 95 后看重的，薪酬待遇属于“保健因素”，任何代际的员工都会具有这种“经济人”价值观特征。最后，95 后的工作价值观同样具有中国特色。受集体主义价值观及意识形态影响，员工特别关注社会关系，即使是新生代员工也很重视职场中的关系，因此“工作中具有良好的人际关系”也成为 95 后的主要工作追求之一。

与此同时，对 95 后而言，最不看重的工作价值观有“单位的名气大，为以后跳槽提供良好的背书”“工作比较体面，让父母和周围的亲戚朋友看重我”“拥有较大的权力”。95 后对于单位名气、工作体面性和权力的渴望不太强烈，这些内容可能会带来附加的价值，但对未来的职业发展并不一定能提供实际的支持。95 后初入职场，必然更看重能够真正影响其未来的实际和“实惠”的东西，而对务虚的内容不会过分关注。总体而言，95 后是在工作中追求上进、比较务实的一代。

（二）不同年龄段的工作价值观差异

1. 95 前眼中 95 后的工作价值观与实际上 95 后的工作价值观的差异

在对数据进行分析后本研究发现，95 前在对 95 后对工作条件的追求的理解上存在一定偏差。

首先，从 95 前对 95 后在“令人舒心的办公环境”“在工作中能自由、独立地安排工作内容与时间”“工作比较轻松，离家近，能有足够的时间进行旅游、锻炼等休闲娱乐活动”三个维度上打出了高分可以看出，仍然存在一定数量的 95 前认为 95 后是追求安逸与个性的一代，认为相比成长机会与承担责任，95 后更看重舒适、轻松与工作自主性。而实际上 95 后越来越注重自身的成长与发展，也更关注现实因素，如看重工作带来的回报，以及渴望在工作中搭建起良好的社会网络。比起务虚的内容，95 后更加看重务实的部分。

此外，95 前认为 95 后在工作中对“拥有较大的权力”“工作能够为社会带来价值，有重要的社会意义”“工作中承担更大的责任，能做更大的事情”三个方面的关注度较低，即认为 95 后在争取权力、承担责任方面不积极，对工作的社会价值也不够关注。而实际上，95 后并没有 95 前认为的那么消极，对上述几个方面表现出一定的看重，并愿意投入精力。而在退休后的生活方面，95 前则完全没有预料到 95 后的热忱，似乎在 95 前眼中，95 后与退休还相去甚远，完全不到考虑的时候。然而对 95 后而言，“退休后的生活有保障”却成为一个十分关心的内容，这有必要引起组织的关注。

2. 95 后眼中 95 前对 95 后工作价值观的看法与 95 后实际情况的差异

当 95 后从 95 前的视角对自己的工作价值观进行评价时，部分维度的得分确实出现了较为明显的波动。这说明，95 后认为 95 前在某些方面对 95 后的看法存在偏颇，与 95 后的实际不一致。

具体如下：95 后认为 95 前低估了“工作中具有良好的人际关系”“退休后的生活有保障”“在工作中能自由、独立地安排工作内容与时间”“工作比较轻松，离家近，能有足够的时间进行旅游、锻炼等休闲娱乐活动”这几项内容对 95 后的重要性，即 95 前低估了 95 后对人际关系、退休后的生活和工作自主性与轻松性的偏好。而在“晋升速度快”“单位的名气大，为以后跳槽提供良好的背书”“工作比较体面，让父母和周围的亲戚朋友看重我”“拥有较大权力”几个方面，95 前则放大了 95 后的看重程度。

3. 95 后眼中 95 前对 95 后工作价值观的看法与 95 前实际的看法

95 后眼中 95 前对 95 后工作价值观的看法与 95 前实际的看法是存在较大偏差的。具体体现在：95 后认为自己在 95 前眼中最明显的特点应该是在工作中追求成长，而实际上 95 前认为 95 后最关注的是舒适与个性，从这点来看，95 前仍然更愿意把 95 后当作一个追求舒适而不是追求责任与进步的群体。可能在 95 前眼中，95 后虽然迈入了职场，但由于年龄较小且阅历较浅，即使是在工作中他们也希望能做到舒适与轻松，这是 95 后自己没有认识到的。此外也有多项工作价值观出现了被低估或高估的情况。

总体而言，95 后对 95 前在工作价值观方面如何看待自己这一问题，理解的偏差是十分巨大的。95 后认为，自己在 95 前眼中应该是一个追求上进、看重学习的群体，然而实际上 95 前仍将 95 后看作一个将工作的舒适安排在其他工作条件之前的群体。这说明 95 后对自己在工作方面在 95 前心中形象的认知还不够准确。

4. 代际差异之一：95 后与 95 前的工作价值观差异

95 前与 95 后在工作价值观方面的差异实际上并不是十分显著，两个群体在最看重的三项与相对最不看重的四项方面表现出了一致性。其中，两个群体都对“学习与成长的机会”“薪酬与福利保障等物质回报”“工作中具有良好的人际关系”最为看重，而“晋升速度快”“单位的名气大，为以后跳槽提供良好的背书”“工作比较体面，让父母和周围的亲戚朋友看重我”“拥有较大的权力”则是两个群体都不太看重的。这两方面的一致性从侧面反映出95前与95后的工作价值观似乎差异不大。但在“令人舒心的办公环境”“工作比较轻松，离家近，能有足够的时间进行旅游、锻炼等休闲娱乐活动”“在组织当中获得更高的地位，受人尊重”三个方面，两个群体的偏好存在较为显著的差异。

总体而言，95后与95前的工作价值观总体上差异不大，一定程度上具有一致性，但在少数几项上存在偏好的差异。

5. 代际差异之二：95前眼中的95后与95前的工作价值观差异

在95前眼中，95后与95前在工作价值观方面存在明显不同，具有较大的代际差异。具体如下：在95前的认知里，95后对“令人舒心的办公环境”“工作比较轻松，离家近，能有足够的时间进行旅游、锻炼等休闲娱乐活动”两项工作价值观的追求远甚于自己，而对“学习与成长的机会”“工作稳定、安全，无职业风险”“工作中承担更大的责任，能做更大的事情”“工作能够为社会带来价值，有重要的社会意义”“退休后的生活有保障”几项则远不如自身重视。

总体而言，在95前眼中，95后在上进心、对稳定生活的追求，以及对责任的承担、个人价值的发挥这几方面，与自己这一代相比，表现都更为消极，反倒是对工作的轻松性和舒适性更有追求。

6. 代际差异之三：95前眼中的代际差异与实际的代际差异

95前在认知上夸大了自己与95后在工作价值观方面的代际差异。根据自评的打分来看，两个群体在工作上的追求存在较高程度的一致性，仅在少数工作价值观上出现一些较大波动。但 95 前仍然将 95 后看作与自己相异、有不同工作追求的一代。这种认知上的偏差在组织制定与 95 后相关的政策时可能产生一定的影响，导致制定的政策与 95 后无法更多地契合，这是组织需要关注的问题。

（三）工作价值观的演变

1. 95 后工作价值观的演变

随着时间的推移，95 后的工作价值观发生了些许改变，“薪酬与福利保障等物质回报”在其心中的重要性提高，而“退休后的生活有保障”的重要性则降低了，“学习与成长的机会”以及“在工作中具有良好的人际关系”仍然是 95 后非常看重的工作价值观。同时，95 后不太看重的工作价值观始终是“工作比较体面，让父母和周围的亲戚朋友看重我”“单位的名气大，为以后跳槽提供良好的背书”“拥有较大的权力”。

进一步经过差异性检验发现，2022 年与 2020 年的 95 后样本在不同工作价值观维度的看法上存在差异，除了在如“在工作中能自由、独立地安排工作内容与时间”“工作比较体面，让父母和周围的亲戚朋友看重我”“直属领导能力强、魅力大，让人愿意追随”等少数几项维度上两年的样本没有显著差异外，在其他 17 项维度上都存在显著差异，但是差异幅度比较小。差异最大的维度为“工作能够为社会带来价值，有重要的社会意义”。

2. 95 前对 95 后工作价值观判断的演变

随着时间的推移，“在工作中能自由、独立地安排工作内容与时间”“工作比较轻松，离家近，能有足够的时间进行旅游、锻炼休闲娱乐活动”

逐渐成为95前眼中95后最看重的工作价值观。而“令人舒心的办公环境”一直是95前眼中95后非常看重的工作价值观。

同时，95前眼中95后不太看重的工作价值观也发生了变化，“工作能够为社会带来价值，有重要的社会意义”“退休后的生活有保障”的重要性变得非常低，而“拥有较大权力”没有发生太大变化，一直是95前眼中95后不太看重的工作价值观。

进一步经过差异性检验发现，不同调查年份的样本对95后不同工作价值观维度在看法上存在差异，除了在“工作比较体面，让父母和周围的亲戚朋友看重我”“直属领导能力强、魅力大，让人愿意追随”这两项维度上没有显著差异外，在其他18项维度上都存在显著差异，但是差异幅度比较小。差异最大的维度为“退休后的生活有保障”。

三、对公司管理政策看法差异的发现与结论

针对公司管理政策，我们得出以下结论。

（一）创新政策

从对创新政策的调查结果可以看出，在创新政策上，95后与95前都持有创新政策需要严格控制风险的态度。相对而言，95后更加注重风险控制，95前更能包容失败。总体而言，95后和95前对于创新政策的看法不存在显著差异。

（二）个人利益政策

从对个人利益政策的调查结果可以看出，在个人利益政策（如个人绩

效考核、薪酬分配、职位晋升等）上，95 后与 95 前都偏好个人利益政策需要用透明的制度来解决。相对而言，95 后更加偏好制度解决，95 前更能看淡人为因素。总体而言，95 后和 95 前对于个人利益政策的看法存在显著差异。

（三）加班政策

从对加班政策的调查结果可以看出，在加班政策上，95 后与 95 前中的绝大部分人都持否定态度。相对而言，95 后稍微积极一些。总体而言，95 后和 95 前对于加班政策的看法不存在显著差异。

（四）工作-家庭平衡政策

从对工作-家庭平衡政策的调查结果可以看出，在工作-家庭平衡政策上，95 后与 95 前中的绝大部分人都认为应当注重工作-家庭平衡。相对而言，95 后稍微积极一些。总体而言，95 后和 95 前对于工作-家庭平衡政策的看法存在显著差异。

（五）培训政策

从对培训政策的调查结果可以看出，在培训政策上，95 后与 95 前中的绝大部分人都注重其能力提升的作用。相对而言，95 前更重视一些。总体而言，95 后和 95 前对于培训政策的看法存在显著差异。

（六）离职

从对离职的调查结果可以看出，95 后与 95 前都比较能够看淡离职，认为离职不应受到道义上的谴责。相对而言，95 后更包容一些。总体而言，95 后和 95 前对于离职的看法存在显著差异。

（七）“老同志”摆老资格问题

从对“老同志”摆老资格问题的调查结果可以看出，95 后与 95 前中的绝大多数人都认为“老同志”不应该摆老资格，大家都是平等的工作关系。相对而言，95 后的容忍度高一些。总体而言，95 后和 95 前对于“老同志”摆老资格问题的看法存在显著差异。

（八）办公室政治问题

从对办公室政治问题的调查结果可以看出，95 后与 95 前的看法相对均衡。相对而言，95 前更偏向认可办公室政治的正常存在。总体而言，95 后和 95 前对于办公室政治问题的看法存在显著差异。

（九）公司激励制度

在公司对新入职年轻人的激励制度方面，95 后认为工作-生活平衡的制度、高薪酬与公平的晋升制度是对新生代员工最有效的激励制度，随后是按劳分配的报酬制度、公平的考核制度、有效的培训制度，而自由灵活的用工制度、鼓励创新和试错的制度、股权激励制度对新生代员工的激励效果则不明显。

在新入职年轻人的激励制度方面，95 前认为公平的晋升制度、工作-生活平衡的制度、高薪酬、按劳分配的报酬是针对新生代员工有效的激励手段，公平的考核制度、自由灵活的用工制度、鼓励创新和试错的制度、有效的培训制度效果一般，而股权激励制度的激励效果则最不被认可。

总体而言，95 后与 95 前均对工作-生活平衡的制度、高薪酬、公平的晋升制度三方面对新生代员工的激励作用最为认可，其中，95 后最看重工作-生活平衡的制度，而 95 前则最看重公平的晋升制度；此外，股权激励制度对新生代员工激励作用的低迷也在 95 后与 95 前两个群体中达成了共识。

（十）其他管理政策

1. 工作价值观塑造问题

在新生代员工工作价值观塑造问题上，两个群体均有三成左右认为新生代员工的工作价值观在入职几年后是能够被塑造的，会逐渐变成公司中“老人们”的样子。差异体现在对这一问题的否定态度上，95 后相信自身不会被改造的比例明显要高于 95 前，这说明在这一问题上 95 后对自身工作价值观稳固持有较大的自信。

2. 领导类型偏好

95 后最青睐导师型与伙伴型，对服务型、霸道总裁型、无为而治型则不感兴趣，在大致的偏好类型方面，95 后与 95 前表现得较为一致。其中轻微差异表现在：虽然两个群体都认可伙伴型，但是有了一定的年龄阅历和工作经验后，对伙伴型的偏爱程度有所下降，对服务型的青睐则有所上升。

3. 公司管理政策与 95 后适配性的问题

在公司管理政策与 95 后适配性这一问题上，95 后与 95 前的看法都比较消极，但在程度上有较为显著的差异。对于95后而言，积极看法与消极看法的占比分别为三成比四成；而对于95前而言，积极看法与消极看法的占比则变为二成比五成。由此可见，95前在公司管理政策与95后的适配性上抱着更为负面的看法。

（十一）95后对公司管理政策的看法演变

1. 95后对公司基本管理政策的看法演变

就公司基本管理政策而言，95后的看法在两年中并没有随着对职场了解的深入与工作经历的丰富而发生颠覆性的变化，总体上具有一定的稳定性。虽然观点倾向没有显著变化，但是在选择的比例，即偏好的程度上还是出现了一定的波动。

一方面，变化最大的是对创新政策与离职的看法。在创新政策方面，增加了两年工作经验后，95后对“管理政策应该鼓励创新，并适当宽容创新带来的失败”这一观点的青睐明显增长，即对创新持有更加开放的态度，希望组织鼓励包容对创新的尝试，而不是一味地控制风险、限制创新；在离职方面，随着工作年限的增长，95后选择“员工应对公司有忠诚度，这样有利于个人与公司共同成长，因此频发离职是忠诚度不足的体现，对个人发展也不明智”的比例明显上升，即95后表现出更加偏好稳定工作的倾向，也就是对频繁离职持负面态度的比例有明显增加。

另一方面，更长时间的工作经历还给95后带来了一些改变，具体如：对“个人绩效考核与薪酬分配、职位晋升等涉及个人利益政策的公平、公正都是相对的，没有人为的因素是不可能的”偏好的增加，显示出95后对公司章程、制度中人为因素影响的接纳度有提高。对“公司的培训政策考虑员工能力提升只是一方面，更要考虑让员工休闲放松等福利作用”偏好的增加，显示出培训活动附加价值在95后那里更受重视了。从选择偏好中体现出的对加班与“老同志”摆老资格的更加反感、对工作-家庭平衡的更加渴望等，虽然变化幅度不显著，但依然能够探索到95后在这些方面存在一些变化，真正的职场经历使95后的一些看法发生了潜移默化的改变。

2. 95后对公司激励制度与其他管理政策的看法演变

在对公司激励制度的偏好方面，95后越来越现实并且越来越聚焦。具体而言，首先，95后对工作-生活平衡的制度、高薪酬的看重超过了原先最受关注的公平的晋升制度。这说明随着工作经历的丰富95后变得更加务实，更好地平衡工作与生活以及通过工作换取更好的物质条件成为他们追求的内容。其次，除了对上述两项的偏好有明显上升外，对其余各项的偏好都出现了程度不一的下降，这说明经过两年的职场生活，95后对自己想要追求什么有了更加清晰的认识，他们摸索出了自己最为关心的内容，认可该方面政策对自己的激励作用；对其他制度如晋升、考核、培训等的激励作用的认可出现了一定程度的下降，意味着95后将目光放在特定的一些制度上，从而对其他制度显得更“不关心”了。这也符合我们的认知，工作经历越丰富，对职场生活中的自己就越了解，从而对政策制度的关心也越具针对性。

在职业生涯推进了两年后，95后对公司管理政策与自身适配性的看法发生了可见的变化。两年里，认为公司管理政策与95后适配的比例较为稳定，但对于这一问题持模棱两可态度的群体出现了比例上的下降，而这部分减少的群体几乎都转移到了考虑得不太充分上，也就是说随着职场生活年限的增长，一部分95后察觉到了公司管理政策对其特点的考虑不够充分，认为在适配上还有待提高。

第三部分　样本侧写

一、2022 年样本基本情况

（一）性别比例

受制于调查时间有限及新冠疫情等外部因素，2022 年的样本数量少于 2020 年的公益调查项目。此次样本总数为 2 459 人。样本在性别上的分布较为均匀，男性和女性占比均接近一半，女性占比（54%）稍高于男性占比（46%）（见图 3－1）。

（二）年龄段占比

从年龄结构来看，样本集中于 95 后，占的比重最大，达 52.99%，与研究的主题相符。80 后的样本位居第二，占比 23.06%。90 后（这里指出生年份在 1990—1994 年之间）的样本位居第三，占比 18.46%。70 后、60

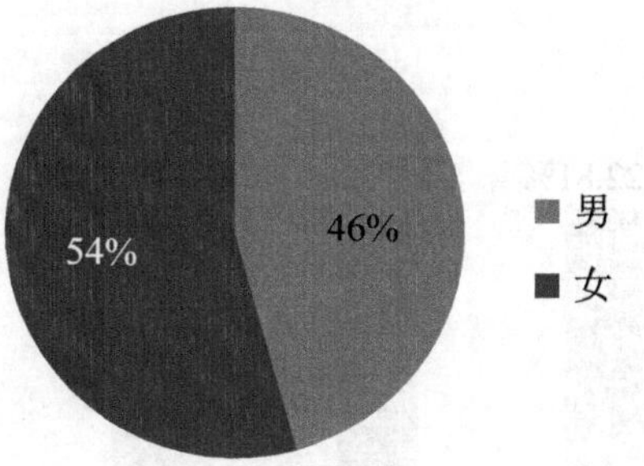

图 3-1　样本性别比例

后和 50 后的样本占比较小，分别为 4.92%、0.53%和 0.04%（见图 3-2）。

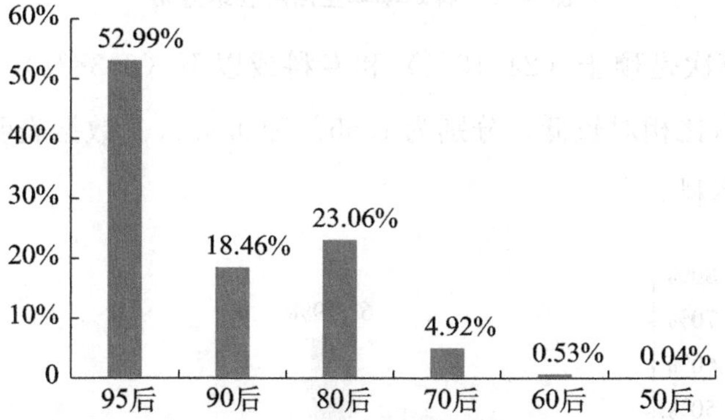

图 3-2　样本各年龄段占比

（三）早年生活所在地分布

从早年生活所在地来看，2022 年的样本生活在乡镇与农村的占比最高（31.68%）。其次是县级城市（25.82%）、直辖市或省会城市（22.81%）、地级城市（19.68%）（见图 3-3）。

（四）最高学历分布

从最高学历来看，本科学历的占比最高，超过 2/3（67.59%）（见

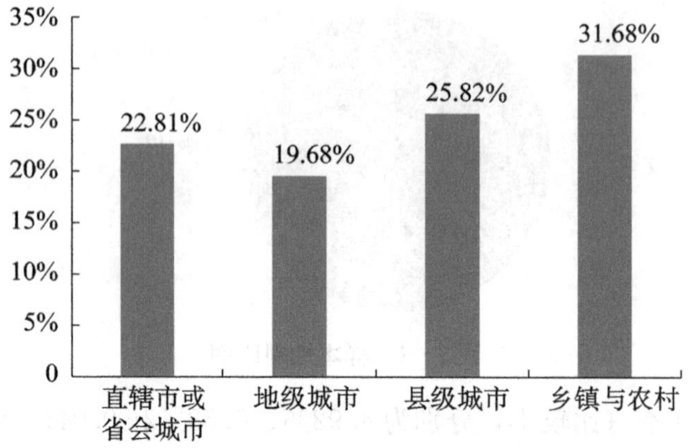

图 3-3　样本早年生活所在地分布

图 3-4)。其次是硕士（24.16%）和专科或以下（6.38%），博士和其他学历的样本占比相对较低，分别为1.55%和0.33%。数据表明，样本最高学历集中于本科。

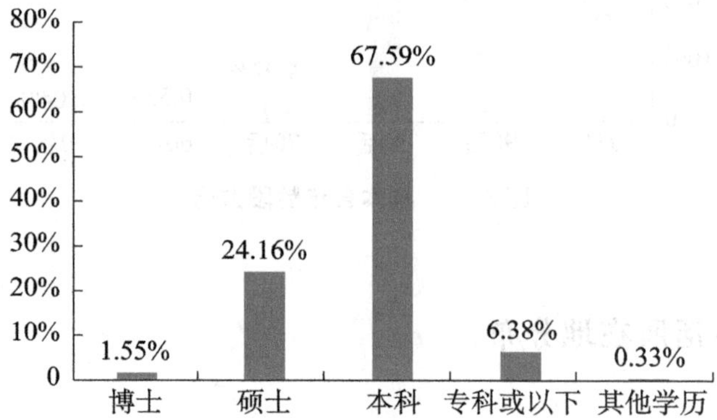

图 3-4　样本最高学历分布

（五）所学专业分布

从所学专业来看，管理学的占比最高，为 21.10%，其次为工学（11.22%）。接下来依次是经济学占比 4.21%，其他专业占比 3.56%，医学占比2.19%，文学（含新闻传播学）占比1.52%，法学（含政治学、社会学、民族学）占比1.23%，理学占比1.09%，教育学（含心理学、体育学）占比1.07%，艺术学、农学、历史学（含考古学）、军事学和哲学合计占比1.41%（见图3-5）。数据表明，样本所学专业集中于管理学和工学。

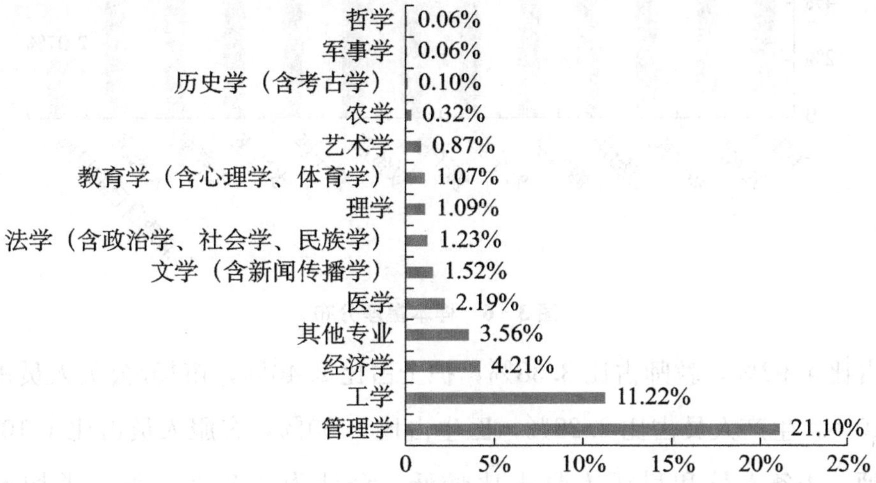

图3-5　样本所学专业分布

（六）星座分布

从星座来看，除了"不清楚自己的星座"的样本占比2.07%外，十二个星座的占比较为均匀，均在6%～11%之间（见图3-6）。

（七）岗位类别分布

从岗位类别来看，如图3-7所示，调查样本中占比最高的前三类岗位是人力资源、工程技术/研发人员和管理人员，分别为24.12%、14.44%和14.03%。接下来是其他岗位，占比9.84%。财务、会计/审计人员占比6.99%，行政/后勤人员占比6.22%，销售人员占比5.08%，文职/办事人

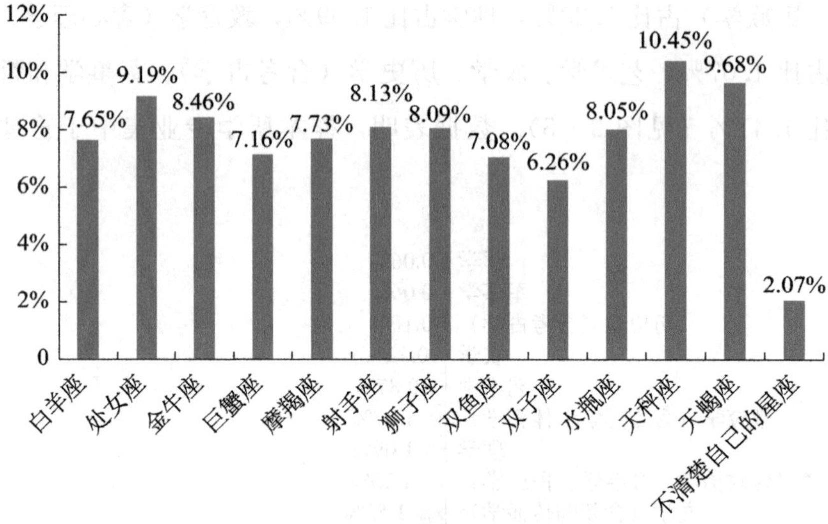

图 3-6　样本星座分布

员占比 4.92%，教师占比 3.38%，护士占比 2.40%，市场/公关人员占比 2.40%，生产人员占比 2.28%，医生占比 1.50%，客服人员占比 1.10%。律师、法务人员和科研人员占比最低，合计为 1.30%，每一类均不足 1%。数据表明，样本在岗位类别分布上人力资源岗位的占比最高。

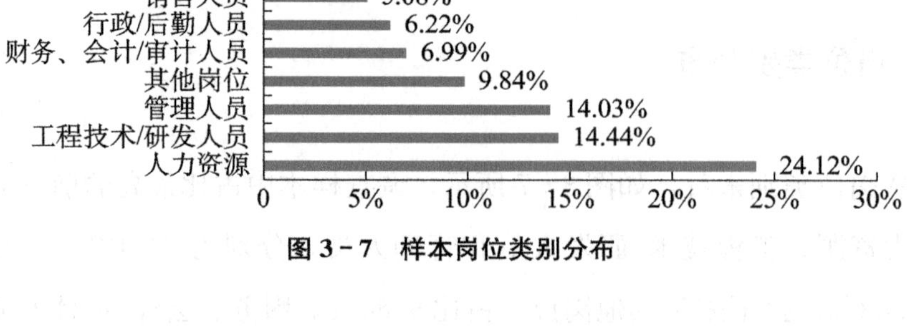

图 3-7　样本岗位类别分布

（八）工作年限分布

调查样本的平均工作年限为 6.87 年（$N=2\ 459$，$SD=7.00$），且分布跨度较大，从工作不足 1 年至工作 60 年。其中工作小于 3 年的人数最多，占比超过 1/3（38.76%）；工作年限为 3～5 年的人数位居第二，占比 17.57%；工作年限为 16 年及以上的人数最少，占比 11.22%（见图 3－8）。数据表明，样本在工作年限分布上集中于小于 3 年。

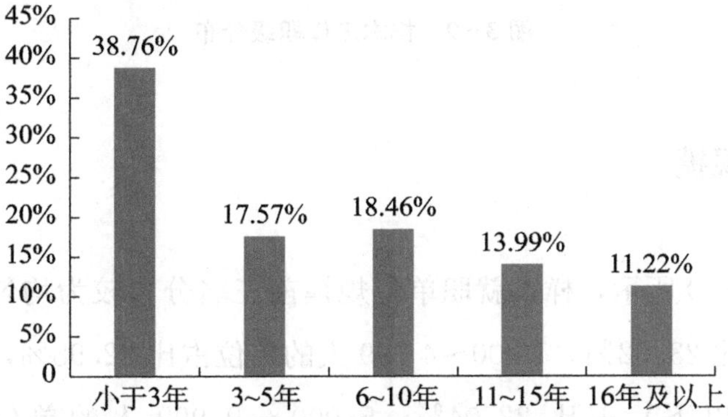

图 3－8　样本工作年限分布

（九）工作职级分布

2020 年的样本中工作职级选择其他的样本量居多，因此在 2022 年的调查问卷中，又细分了工作职级，划分为七类，并增加了类别：一线员工、中级专业技术人员和高级专业技术人员。从工作职级来看，基层管理人员和一线员工的占比差不多齐平，分别位居第一（33.35%）和第二（32.37%）。其次是单位中层管理人员（含副职），占比 11.63%。其他职级位居其后，占比 9.60%。高级专业技术人员最少，占比 2.11%（见图 3－9）。

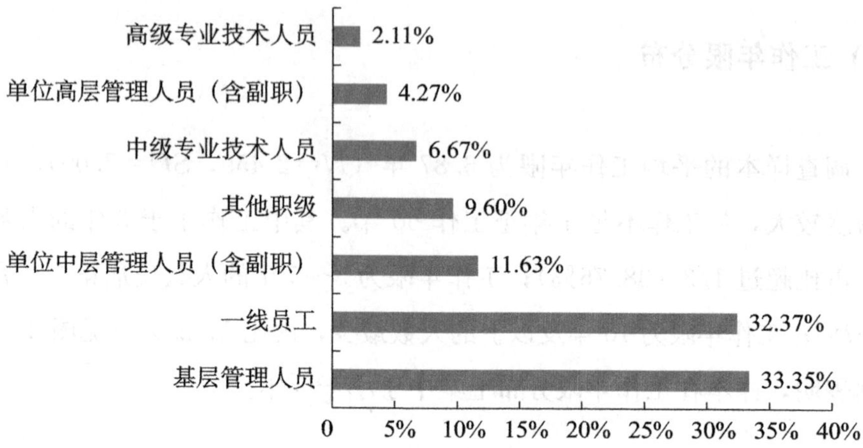

图 3－9　样本工作职级分布

（十）单位规模

如图 3－10 所示，样本就职单位规模前三名分布较为均匀：100～499 人的单位占比 23.02%，1 000～4 999 人的单位占比 22.98%，较小型的单位（100 人以下）占比 22.04%。5 000～9 999 人的单位占比最低，为 5.45%。

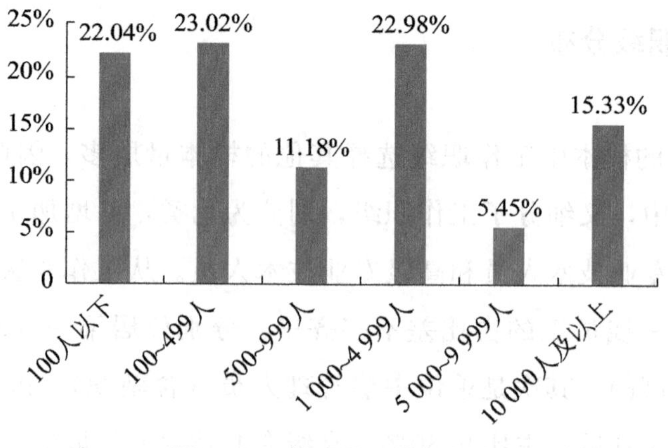

图 3－10　样本就职单位规模

（十一）单位性质

如图 3－11 所示，调查样本中在国有企业工作的占比最高（39.37％），其次是民营/私营企业（34.24％）、事业单位（10.29％）、外资企业（6.30％）、其他单位（4.15％）、党政机关（3.09％）及合资企业（2.56％）。数据表明，样本就职单位集中于国有企业。

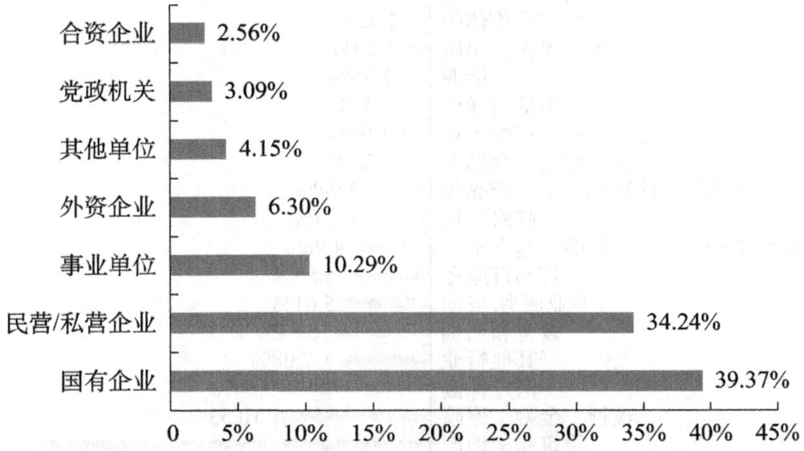

图 3－11　样本就职单位性质

（十二）所属行业

如图 3－12 所示，样本就职单位所属行业前三位分别是建筑和房地产行业（27.61％），银行、金融、保险（10.53％），医疗保健（9.64％）。其他行业占比 7.08％，教育和培训、专业服务/咨询、IT 与 IT 服务分别占比 6.67％、5.61％、5.53％。

接下来是制造业——汽车、轮船、起重机等（4.96％），政府机构（4.31％），制造业——消费品、计算机、电子产品等（3.94％），交通运输和仓储业（2.85%），电子商务、在线零售（1.91%），电信与通信（1.79%），能源（1.75%），广告、媒体、出版（1.50%），零售/休闲（1.42%），酒店与餐饮服务（1.22%）。非营利、物流与快递、共享服务合计占比 1.67%，每一类均不足 1%。数据表明，样本就职在建筑和房地产行业的单位占比最高。

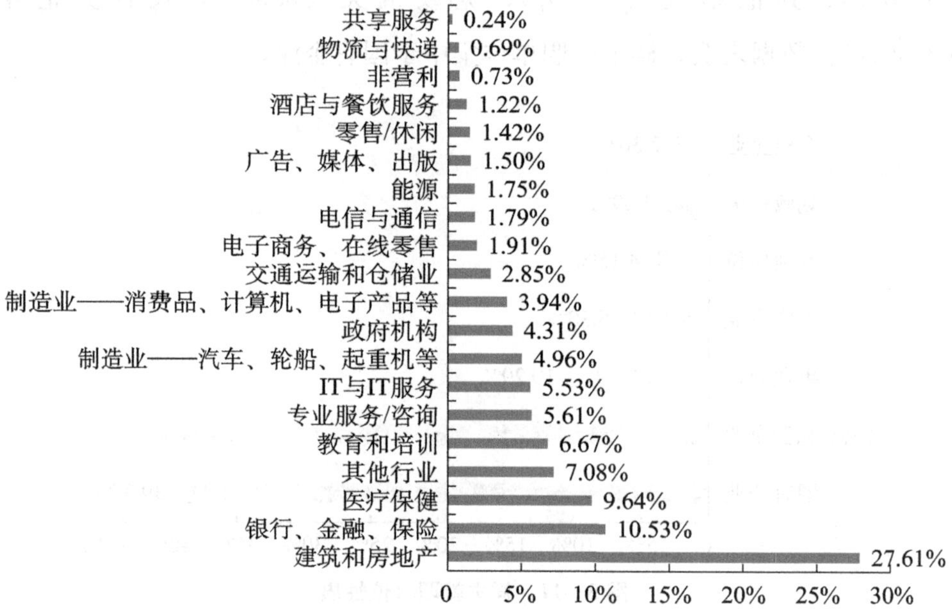

图 3-12　样本就职单位所属行业

二、2020 年样本基本情况

（一）性别比例

2020 年抽样调查的样本总数为 5 061 人，样本的性别分布较不均匀，男性居多（61%），女性仅占 39%（见图 3-13）。

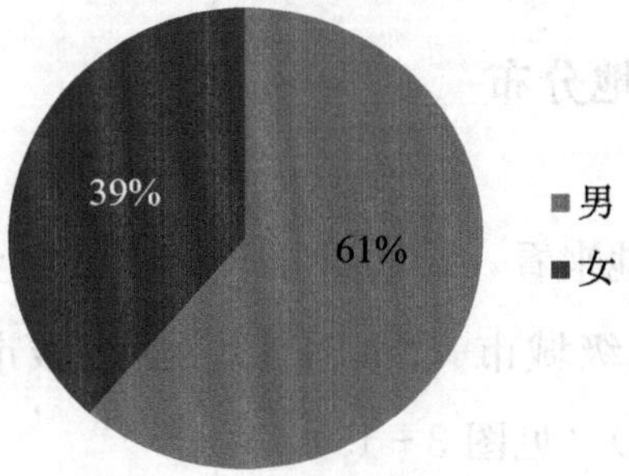

图 3-13 样本性别比例

（二）年龄段占比

从年龄结构来看，2020 年的大部分样本出生于 1995 年之后（包含 1995 年），95 后是本次调查的重点，占比 58.66%，这与研究的主题相符。其次，90 后（这里指出生年份在 1990—1994 年之间的人）的样本位居第二，占比 23.43%。80 后的样本位居第三，占比 13.69%。70 后、60 后和 50 后的样本占比较低，分别为 3.52%、0.63%和 0.06%（见图 3-14）。

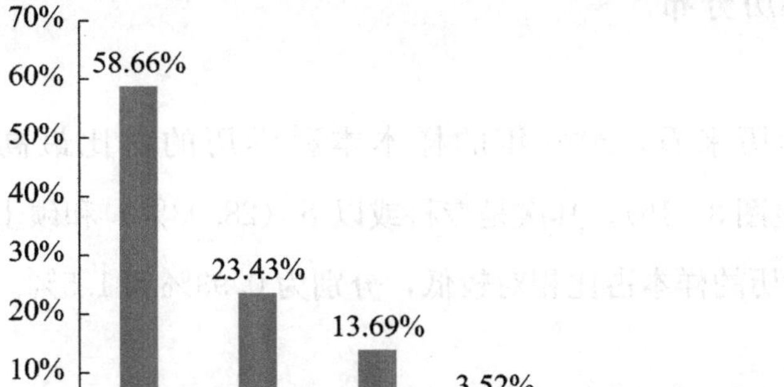

图 3-14 样本各年龄段占比

（三）早年生活所在地分布

从早年生活所在地来看，2020 年的样本生活在乡镇与农村的占比最高（33.83%），其次是地级城市（26.34%）、县级城市（23.57%）、直辖市或省会城市（16.26%）（见图 3－15）。

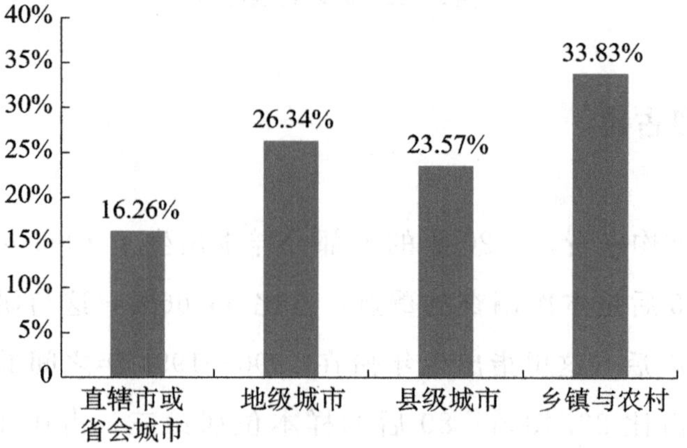

图 3－15　样本早年生活所在地分布

（四）最高学历分布

从最高学历来看，2020 年的样本本科学历的占比最高，超过一半（51.63%）（见图 3－16）。其次是专科或以下（28.93%）和硕士（17.01%），博士和其他学历的样本占比相对较低，分别为 0.93%和 1.5%。

（五）所学专业分布

从所学专业来看，工学占比最高，为 28.02%，其次为管理学，占比 25.43%，其他专业紧随其后，占比 22.31%。接下来依次是经济学占比

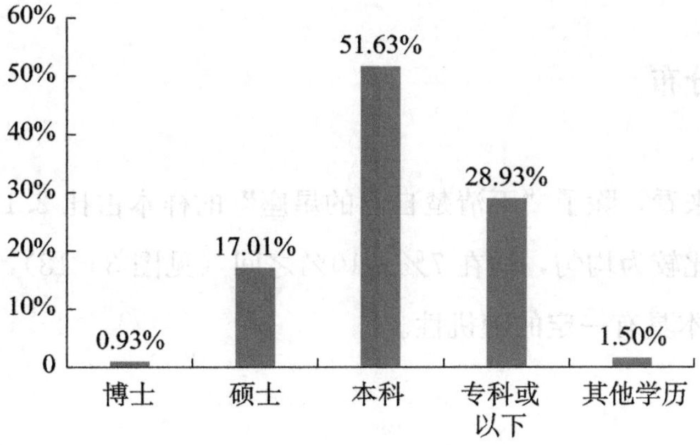

图 3－16　样本最高学历分布

12.86%，理学占比 3.26%，文学（含新闻传播学）占比 2.55%，法学（含政治学、社会学、民族学）占比 1.88%，教育学（含心理学、体育学）占比 1.19%，艺术学占比 1.03%。医学、农学、哲学、军事学和历史学（含考古学）合计占比 1.66%，每一类均不足 1%（见图 3－17）。数据表明，2020 年的样本所学专业集中于工学和管理学。

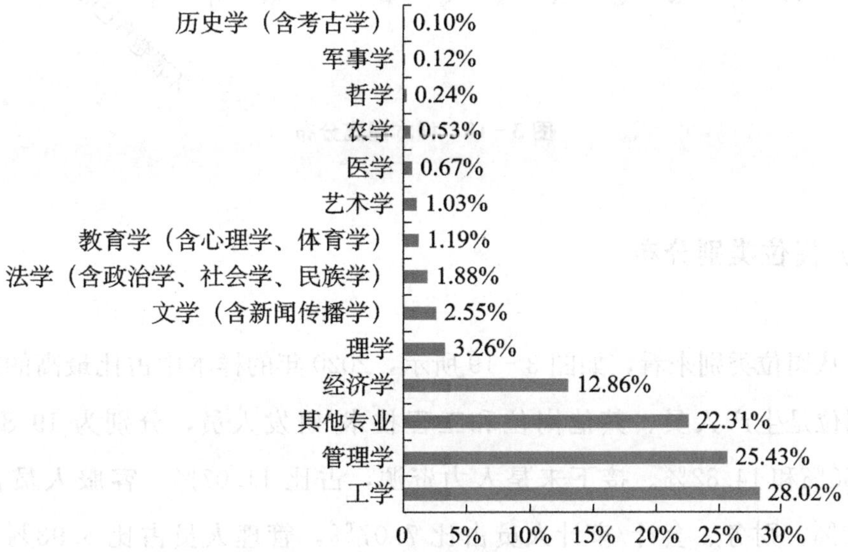

图 3－17　样本所学专业分布

（六）星座分布

从星座来看，除了“不清楚自己的星座”的样本占比 2.13%外，十二个星座的占比较为均匀，均在 7%～10%之间（见图 3 - 18），侧面反映了 2020 年的样本具有一定的随机性。

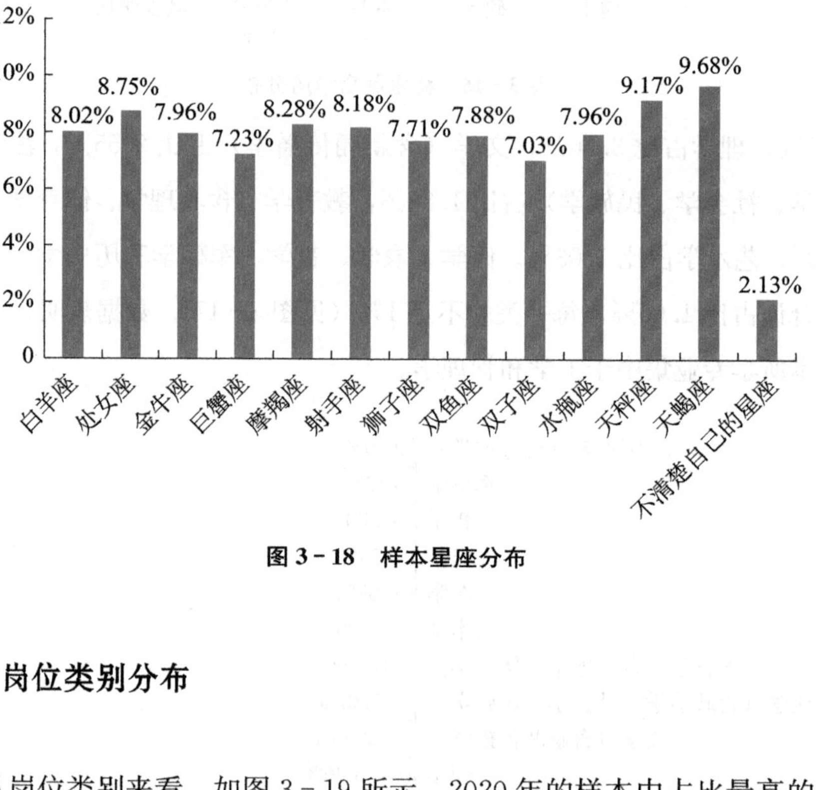

图 3 - 18　样本星座分布

（七）岗位类别分布

从岗位类别来看，如图 3 - 19 所示，2020 年的样本中占比最高的前三类岗位是生产人员、其他岗位和工程技术/研发人员，分别为 19.88%、16.66%和 14.82%。接下来是人力资源，占比 11.07%。客服人员占比 7.59%，财务、会计/审计人员占比 7.07%，管理人员占比 5.93%，销售人员占比 5.59%。文职/办事人员、行政/后勤人员、教师、市场/公关人员占比较低，分别为 4.25%、3.68%、1.24%、1.09%。科研人员，律师、法务人员，医生和护士占比最低，合计为 1.15%，每一类均不足 1%。

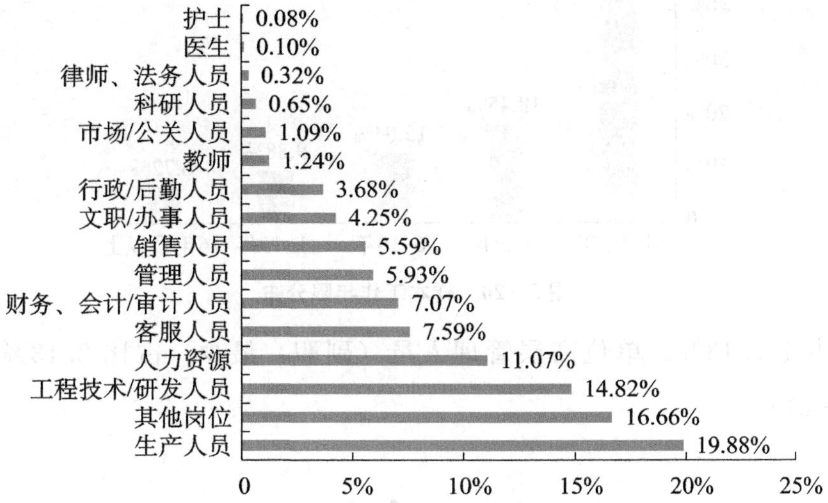

图 3-19　样本岗位类别分布

(八) 工作年限分布

2020 年样本的平均工作年限为 4.99 年（$N=5\ 061$，$SD=6.11$），且分布跨度较大，从工作不足 1 年至工作 48 年。其中工作年限小于 3 年的人数最多，占比超过半数（51.91%）；工作年限为 3～5 年的人数其次，占比 18.45%；工作年限为 16 年及以上的人数最少，占比 6.72%（见图 3-20）。

(九) 工作职级分布

从工作职级来看，选择其他职级的样本最多，占比 64.10%；其次是基层管理人员，占比 26.64%。单位中层管理人员（含副职）位居其

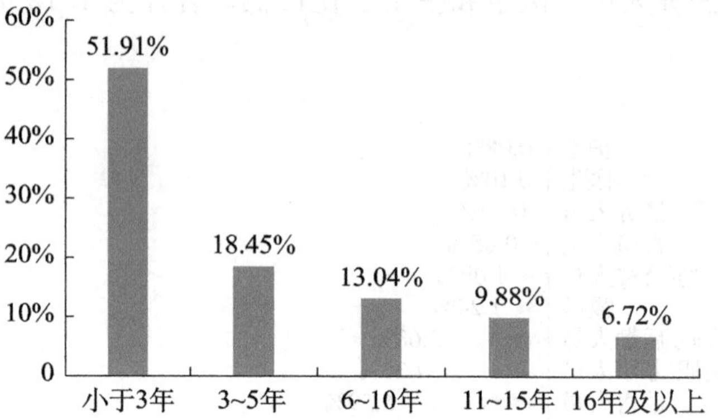

图 3-20　样本工作年限分布

后，占比 7.13%。单位高层管理人员（副职）最少，占比 2.13%（见图 3-21）。

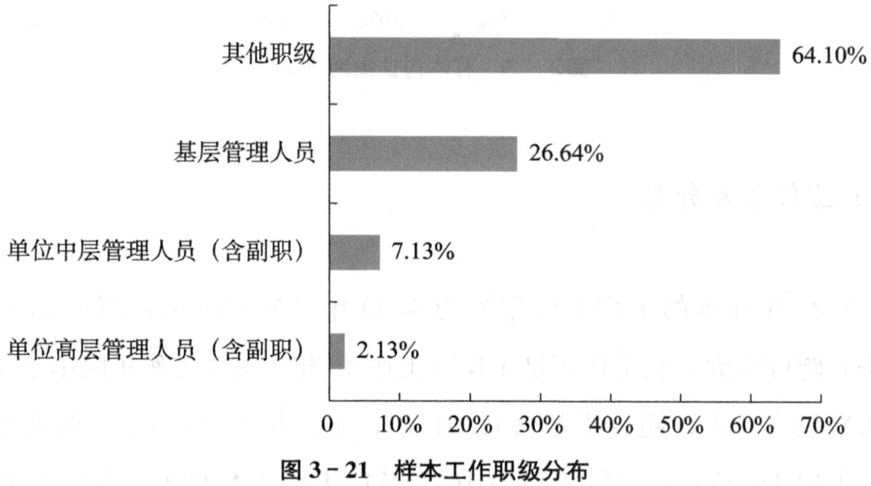

图 3-21　样本工作职级分布

（十）单位规模

如图 3-22 所示，在 10 000 人及以上的单位就职的样本最多，占比达 26.10%，其他规模的单位分布较为均匀：5 000～9 999 人的单位占比 17.31%，较小型的单位（100 人以下）占比 16.16%，100～499 人的单位占比 15%，1 000～4 999 人的单位占比 14.15%，500～999 人的单位占比 11.28%。

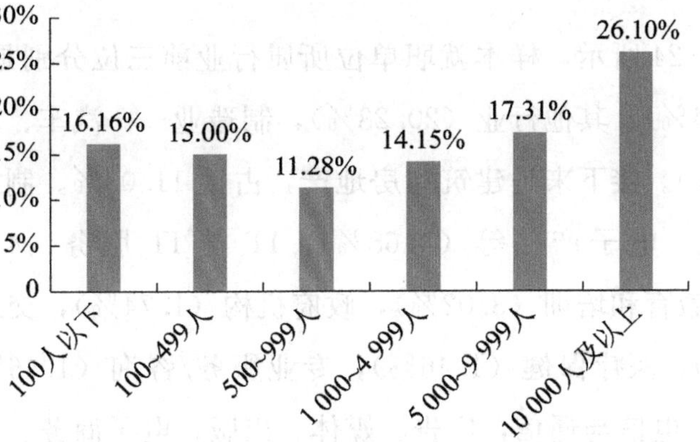

图 3-22　样本就职单位规模

（十一）单位性质

2020 年的样本中在国有企业工作的占比最高（64.95%），其次是民营/私营企业（16.54%）、合资企业（5.02%）、外资企业（4.78%）、其他单位（4.03%）、事业单位（3.56%）及党政机关（1.12%）（见图 3-23）。

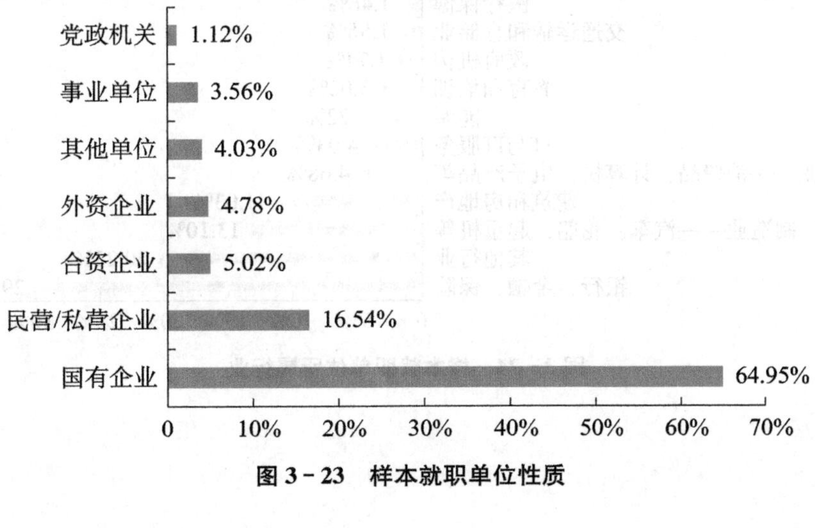

图 3-23　样本就职单位性质

（十二）所属行业

如图 3-24 所示，样本就职单位所属行业前三位分别是银行、金融、保险（29.74%），其他行业（20.23%），制造业——汽车、轮船、起重机等（13.10%）。接下来是建筑和房地产，占比 11.03%。制造业——消费品、计算机、电子产品等（4.68%），IT 与 IT 服务（4.03%），能源（3.22%），教育和培训（3.02%），政府机构（1.74%），交通运输和仓储业（1.56%），医疗保健（1.46%），专业服务/咨询（1.46%）占比均没有超过 5%。电信与通信，广告、媒体、出版，电子商务、在线零售，零售/休闲，酒店与餐饮服务，非营利，物流与快递，共享服务合计占比 4.72%，每一类均不足 1%。

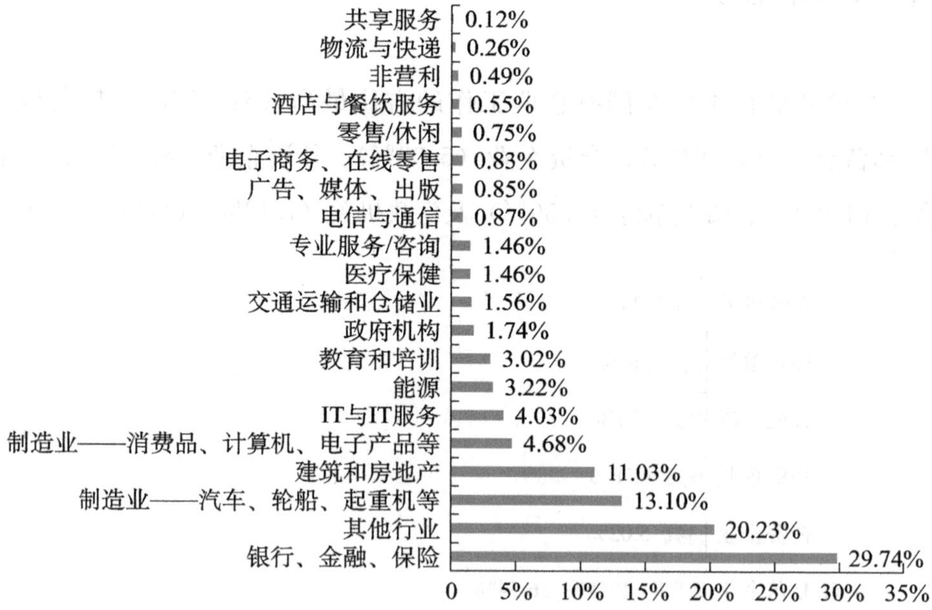

图 3-24 样本就职单位所属行业

第四部分　工作价值观分析专题

一、工作价值观的总体状况

(一) 95后工作价值观

1. 总述

本研究以2022年的调查结果为主要分析依据，将样本中出生年份在1995年之后（包含1995年）的样本划分出来分析95后的工作价值观。被试对20项工作价值观进行评价，从“非常不重要”“不太重要”“介于重要与不重要之间”“比较重要”“非常重要”中选出他们认为的每项工作价值观的重要性。本研究依次将“非常不重要”计为1，“非常重要”计为5。对每项工作价值观计算其平均分，然后按照平均分的高低做出排序（见表4-1）。

表 4-1 95 后工作价值观重要性排序

工作价值观	平均分
学习与成长的机会	4.53
薪酬与福利保障等物质回报	4.46
工作中具有良好的人际关系	4.32
令人舒心的办公环境	4.22
退休后的生活有保障	4.22
在工作中能充分发挥自己的才能	4.20
在工作中能自由、独立地安排工作内容与时间	4.17
工作稳定、安全，无职业风险	4.14
直属领导能力强、魅力大，让人愿意追随	4.11
工作比较轻松，离家近，能有足够的时间进行旅游、锻炼等休闲娱乐活动	4.07
工作本身有趣味性/挑战性/创造性	4.01
工作能够为社会带来价值，有重要的社会意义	3.98
在工作中能获得较多的社会资源	3.93
同事很棒，比如素质高、颜值高等	3.91
工作中承担更大的责任，能做更大的事情	3.88
在组织当中获得更高的地位，受人尊重	3.87
晋升速度快	3.73
单位的名气大，为以后跳槽提供良好的背书	3.60
工作比较体面，让父母和周围的亲戚朋友看重我	3.54
拥有较大的权力	3.18

由表 4-1 可以看出，“学习与成长的机会”“薪酬与福利保障等物质回报”“工作中具有良好的人际关系”为 95 后最看重的 3 项工作价值观，平均分分别为 4.53、4.46、4.32，这与当前的一些研究结果也较为一致，如薪酬满意度（周文斌，张萍，蒋明雅，2013）、发展的空间（黄爱兰，2017）以及对社交网络的需要（杨敏，张亚，2018）都能够对新生代员工产生显著的影响，95 后自我实现的需求更加强烈（李一苇，2021）。

而“单位的名气大，为以后跳槽提供良好的背书”“工作比较体面，让父母和周围的亲戚朋友看重我”“拥有较大的权力”为 95 后不太看重的

3 项工作价值观，平均分分别为 3.60、3.54、3.18。

2. 性别对 95 后工作价值观的影响

基于性别这一指标，本研究继续将 95 后样本划分为两类，并分析不同性别对工作价值观的看法差异。

首先，将 95 后基于性别划分为两组后，分别对每组工作价值观各维度得分均值进行计算。每项工作价值观列出均值最大的组别和均值最小的组别，并计算两者的均值差异，根据差异值由大到小进行排序，如表 4-2 所示。

表 4-2 性别对 95 后工作价值观各维度的影响

工作价值观	男	女	最大	最小	差值
拥有较大的权力	3.35	2.99	男	女	0.36
在工作中能获得较多的社会资源	4.06	3.78	男	女	0.28
晋升速度快	3.86	3.59	男	女	0.27
工作比较体面，让父母和周围的亲戚朋友看重我	3.66	3.40	男	女	0.26
工作中承担更大的责任，能做更大的事情	3.98	3.76	男	女	0.22
工作能够为社会带来价值，有重要的社会意义	4.08	3.86	男	女	0.22
在组织当中获得更高的地位，受人尊重	3.92	3.80	男	女	0.12
在工作中能自由、独立地安排工作内容与时间	4.21	4.11	男	女	0.10
单位的名气大，为以后跳槽提供良好的背书	3.56	3.65	女	男	0.09
令人舒心的办公环境	4.18	4.27	女	男	0.09
在工作中能充分发挥自己的才能	4.23	4.16	男	女	0.07
工作本身有趣味性/挑战性/创造性	4.03	3.98	男	女	0.05
工作中具有良好的人际关系	4.34	4.29	男	女	0.05
薪酬与福利保障等物质回报	4.48	4.43	男	女	0.05
直属领导能力强、魅力大，让人愿意追随	4.09	4.13	女	男	0.04
学习与成长的机会	4.55	4.52	男	女	0.03
工作比较轻松，离家近，能有足够的时间进行旅游、锻炼等休闲娱乐活动	4.08	4.06	男	女	0.02

续表

工作价值观	男	女	最大	最小	差值
退休后的生活有保障	4.23	4.21	男	女	0.02
工作稳定、安全，无职业风险	4.14	4.13	男	女	0.01
同事很棒，比如素质高、颜值高等	3.91	3.92	女	男	0.01

由表 4-2 可以看出，在 20 项工作价值观中，男女在各维度上看重的前三名一致（也与总体 95 后一致）。而第四名有所区别，男性更看重“在工作中能充分发挥自己的才能”，女性更看重“令人舒心的办公环境”。在 20 项工作价值观中，男性的均值高点为 16 个，女性的均值高点为 4 个，这意味着男性的激励点远多于女性。

被试对工作价值观的评分结果在正态直方图中基本上呈现为钟形（中间高，两端低），这说明数据基本可视为服从正态分布。由于性别是二分类变量，因此本研究进一步采用独立样本 t 检验的方法检验不同性别对各项工作价值观的评价是否有显著差别（见表 4-3）。

表 4-3　性别在 95 后工作价值观各维度上的差异性检验

工作价值观	性别	平均值	标准差	t 值	p 值（双尾）	平均值差值	Cohen's d 值
薪酬与福利保障等物质回报	男	4.48	0.78	1.15	0.250	0.05	0.06
	女	4.43	0.72				
学习与成长的机会	男	4.55	0.76	0.64	0.520	0.03	0.04
	女	4.520	0.66				
在组织当中获得更高的地位，受人尊重	男	3.92	0.94	2.43	0.015**	0.12	0.14
	女	3.80	0.87				
工作本身有趣味性/挑战性/创造性	男	4.03	0.88	1.09	0.280	0.05	0.06
	女	3.98	0.83				
工作中具有良好的人际关系	男	4.34	0.80	1.23	0.220	0.05	0.07
	女	4.29	0.69				
令人舒心的办公环境	男	4.18	0.87	−1.86	0.063*	0.08	0.10
	女	4.27	0.73				
工作中承担更大的责任，能做更大的事情	男	3.98	0.91	4.58	0.000***	0.22	0.25
	女	3.76	0.85				

续表

工作价值观	性别	平均值	标准差	t 值	p 值（双尾）	平均值差值	Cohen's d 值
工作能够为社会带来价值，有重要的社会意义	男	4.08	0.95	4.34	0.000***	0.22	0.24
	女	3.86	0.86				
在工作中能自由、独立地安排工作内容与时间	男	4.21	0.83	2.33	0.020**	0.11	0.13
	女	4.11	0.80				
工作比较轻松，离家近，能有足够的时间进行旅游、锻炼等休闲娱乐活动	男	4.08	1.01	0.49	0.630	0.03	0.03
	女	4.06	0.91				
在工作中能充分发挥自己的才能	男	4.23	0.80	1.69	0.091*	0.07	0.09
	女	4.16	0.73				
工作稳定、安全，无职业风险	男	4.14	0.89	0.23	0.820	0.01	0.01
	女	4.13	0.84				
工作比较体面，让父母和周围的亲戚朋友看重我	男	3.66	1.06	4.62	0.000***	0.26	0.26
	女	3.40	0.99				
在工作中能获得较多的社会资源	男	4.06	0.87	5.79	0.000***	0.28	0.32
	女	3.78	0.87				
拥有较大的权力	男	3.35	1.06	6.45	0.000***	0.36	0.36
	女	2.99	0.95				
晋升速度快	男	3.86	0.93	5.44	0.000***	0.27	0.30
	女	3.59	0.87				
退休后的生活有保障	男	4.23	0.91	0.43	0.670	0.02	0.02
	女	4.21	0.89				
单位的名气大，为以后跳槽提供良好的背书	男	3.56	1.10	−1.59	0.110	0.09	0.09
	女	3.65	0.94				
直属领导能力强、魅力大，让人愿意追随	男	4.09	0.92	−0.82	0.410	0.04	0.05
	女	4.13	0.81				
同事很棒，比如素质高、颜值高等	男	3.91	1.00	−0.10	0.920	0.01	0.01
	女	3.92	0.89				

注：***、**、*分别代表1%、5%、10%的显著性水平。

由表4－3可以看出，不同性别对不同工作价值观维度在看法上存在差异，其中，在“薪酬与福利保障等物质回报”“工作中具有良好的人际关系”“工作本身有趣味性/挑战性/创造性”“令人舒心的办公环境”“工作比较轻松，离家近，能有足够的时间进行旅游、锻炼等休闲娱乐”“工作稳定、安全，无职业风险”“退休后的生活有保障”“单位的名气大，为以后跳槽提供良好的背书”“直属领导能力强、魅力大，让人愿意追随”“同事很棒，比如素质高、颜值高等”这 10 项维度上差异不显著，在其他 10 项维度上存在显著差异，但是差异幅度 Cohen's *d* 值都比较小。

3. 早年生活所在地对 95 后工作价值观的影响

基于早年生活所在地这一指标，本研究将 95 后样本划分为 4 类（乡镇与农村、县级城市、地级城市、直辖市或省会城市），并分析早年生活所在地对 95 后工作价值观的影响（见表 4-4）。

表 4-4　早年生活所在地对 95 后工作价值观各维度的影响

工作价值观	地级城市	县级城市	乡镇与农村	直辖市或省会城市	最大	最小	差值
工作能够为社会带来价值，有重要的社会意义	3.81	4.02	4.12	3.90	乡镇与农村	地级城市	0.31
工作比较体面，让父母和周围的亲戚朋友看重我	3.52	3.54	3.64	3.40	乡镇与农村	直辖市或省会城市	0.24
工作中承担更大的责任，能做更大的事情	3.77	3.87	3.97	3.85	乡镇与农村	地级城市	0.20
晋升速度快	3.71	3.77	3.80	3.62	乡镇与农村	直辖市或省会城市	0.18
工作稳定、安全，无职业风险	4.09	4.15	4.22	4.04	乡镇与农村	直辖市或省会城市	0.18
拥有较大的权力	3.20	3.18	3.25	3.08	乡镇与农村	直辖市或省会城市	0.17
在工作中能获得较多的社会资源	3.89	3.95	4.00	3.87	乡镇与农村	直辖市或省会城市	0.13
在工作中能充分发挥自己的才能	4.13	4.19	4.26	4.17	乡镇与农村	地级城市	0.13
在工作中能自由、独立地安排工作内容与时间	4.11	4.19	4.22	4.11	乡镇与农村	地级城市	0.11
单位的名气大，为以后跳槽提供良好的背书	3.65	3.54	3.61	3.60	地级城市	县级城市	0.11
直属领导能力强、魅力大，让人愿意追随	4.07	4.11	4.17	4.07	乡镇与农村	地级城市	0.10

续表

工作价值观	地级城市	县级城市	乡镇与农村	直辖市或省会城市	最大	最小	差值
学习与成长的机会	4.49	4.50	4.57	4.57	乡镇与农村	地级城市	0.08
工作本身有趣味性/挑战性/创造性	4.02	3.96	4.04	3.99	乡镇与农村	县级城市	0.08
令人舒心的办公环境	4.22	4.24	4.24	4.17	县级城市	直辖市或省会城市	0.07
工作比较轻松，离家近，能有足够的时间进行旅游、锻炼等休闲娱乐活动	4.08	4.03	4.08	4.10	直辖市或省会城市	县级城市	0.07
同事很棒，比如素质高、颜值高等	3.92	3.93	3.88	3.95	直辖市或省会城市	乡镇与农村	0.07
工作中具有良好的人际关系	4.29	4.32	4.35	4.30	乡镇与农村	地级城市	0.06
退休后的生活有保障	4.25	4.19	4.24	4.20	地级城市	县级城市	0.06
薪酬与福利保障等物质回报	4.44	4.46	4.45	4.50	直辖市或省会城市	地级城市	0.06
在组织当中获得更高的地位，受人尊重	3.88	3.86	3.88	3.84	地级城市	直辖市或省会城市	0.04

由表 4-4 可以看出，在 20 项工作价值观中，早年生活在地级城市的均值低点最多，为 8 项；而早年生活在乡镇与农村的均值高点最多，为 13 项。因此可以推测，早年生活在地级城市的群体最“佛系”，而早年生活在乡镇与农村的群体激励点最多。

早年生活所在地对 95 后的工作价值观影响较大的（差值≥0.20）有 3 项。其中，“工作能够为社会带来价值，有重要的社会意义”这一维度上乡镇与农村（4.12）、地级城市（3.81）相差最大，差值为 0.31。早年生活所在地对 95 后的工作价值观影响最小的为“在组织当中获得更高的地位，受人尊重”。

由于早年生活所在地是一个 4 分类的定类变量，因此利用单因素方差分析的方法，进一步分析早年生活所在地对 95 后工作价值观的影响是否有显著差异（见表 4－5）。

表 4－5　早年生活所在地在 95 后工作价值观各维度上的差异性检验

工作价值观	早年生活所在地类型	平均值	标准差	*F* 值	*p* 值（双尾）
薪酬与福利保障等物质回报	地级城市	4.44	0.78	0.33	0.803
	乡镇与农村	4.45	0.79		
	县级城市	4.46	0.77		
	直辖市或省会城市	4.50	0.63		
学习与成长的机会	地级城市	4.49	0.74	1.17	0.320
	乡镇与农村	4.57	0.70		
	县级城市	4.50	0.78		
	直辖市或省会城市	4.57	0.63		
在组织当中获得更高的地位，受人尊重	地级城市	3.88	0.87	0.13	0.943
	乡镇与农村	3.88	0.92		
	县级城市	3.86	0.94		
	直辖市或省会城市	3.84	0.91		
工作本身有趣味性/挑战性/创造性	地级城市	4.02	0.84	0.57	0.635
	乡镇与农村	4.04	0.82		
	县级城市	3.97	0.91		
	直辖市或省会城市	3.99	0.85		
工作中具有良好的人际关系	地级城市	4.29	0.75	0.52	0.672
	乡镇与农村	4.35	0.75		
	县级城市	4.32	0.79		
	直辖市或省会城市	4.30	0.71		
令人舒心的办公环境	地级城市	4.22	0.81	0.49	0.687
	乡镇与农村	4.24	0.83		
	县级城市	4.24	0.81		
	直辖市或省会城市	4.17	0.79		
工作中承担更大的责任，能做更大的事情	地级城市	3.77	0.93	2.88	0.035**
	乡镇与农村	3.97	0.83		
	县级城市	3.87	0.93		
	直辖市或省会城市	3.85	0.89		
工作能够为社会带来价值，有重要的社会意义	地级城市	3.81	1.00	7.41	0.000***
	乡镇与农村	4.12	0.82		
	县级城市	4.02	0.89		
	直辖市或省会城市	3.90	0.95		

续表

工作价值观	早年生活所在地类型	平均值	标准差	F 值	p 值（双尾）
在工作中能自由、独立地安排工作内容与时间	地级城市	4.11	0.86	1.65	0.175
	乡镇与农村	4.22	0.79		
	县级城市	4.19	0.81		
	直辖市或省会城市	4.11	0.83		
工作比较轻松，离家近，能有足够的时间进行旅游、锻炼等休闲娱乐活动	地级城市	4.08	0.97	0.34	0.797
	乡镇与农村	4.08	1.00		
	县级城市	4.03	0.93		
	直辖市或省会城市	4.10	0.96		
在工作中能充分发挥自己的才能	地级城市	4.13	0.79	1.56	0.197
	乡镇与农村	4.26	0.75		
	县级城市	4.19	0.76		
	直辖市或省会城市	4.17	0.79		
工作稳定、安全，无职业风险	地级城市	4.09	0.91	2.57	0.053*
	乡镇与农村	4.22	0.81		
	县级城市	4.15	0.84		
	直辖市或省会城市	4.04	0.92		
工作比较体面，让父母和周围的亲戚朋友看重我	地级城市	3.52	1.04	3.03	0.029**
	乡镇与农村	3.64	1.03		
	县级城市	3.54	0.98		
	直辖市或省会城市	3.40	1.11		
在工作中能获得较多的社会资源	地级城市	3.89	0.85	1.38	0.248
	乡镇与农村	4.00	0.84		
	县级城市	3.95	0.91		
	直辖市或省会城市	3.87	0.94		
拥有较大的权力	地级城市	3.20	1.00	1.40	0.242
	乡镇与农村	3.25	1.02		
	县级城市	3.18	0.99		
	直辖市或省会城市	3.08	1.11		
晋升速度快	地级城市	3.71	0.94	2.39	0.067*
	乡镇与农村	3.80	0.90		
	县级城市	3.77	0.88		
	直辖市或省会城市	3.62	0.94		
退休后的生活有保障	地级城市	4.25	0.83	0.37	0.773
	乡镇与农村	4.24	0.91		
	县级城市	4.19	0.91		
	直辖市或省会城市	4.20	0.95		

续表

工作价值观	早年生活所在地类型	平均值	标准差	F 值	p 值（双尾）
单位的名气大，为以后跳槽提供良好的背书	地级城市	3.65	1.00	0.64	0.592
	乡镇与农村	3.61	1.05		
	县级城市	3.54	1.03		
	直辖市或省会城市	3.60	1.04		
直属领导能力强、魅力大，让人愿意追随	地级城市	4.07	0.92	1.06	0.365
	乡镇与农村	4.17	0.87		
	县级城市	4.11	0.86		
	直辖市或省会城市	4.07	0.83		
同事很棒，比如素质高、颜值高等	地级城市	3.92	0.99	0.32	0.810
	乡镇与农村	3.88	0.98		
	县级城市	3.93	0.92		
	直辖市或省会城市	3.95	0.89		

注：*** 、** 、* 分别代表1%、5%、10%的显著性水平。

由表 4－5 可以看出，不同早年生活所在地的 95 后对不同工作价值观维度在看法上存在差异，其中，在“工作中承担更大的责任，能做更大的事情”“工作能够为社会带来价值，有重要的社会意义”“工作稳定、安全，无职业风险”“工作比较体面，让父母和周围的亲戚朋友看重我”“晋升速度快”这 5 项维度上差异显著，但是差异幅度非常小，而在其他 15 项维度上不存在显著差异。

进一步对这 5 项具有显著差异的维度进行分析，表 4－6 显示了效应量化分析的结果，包括组间差、总离差、偏 Eta 方、Cohen's f 值，用于分析数据间的差异。

表 4－6　效应量化分析表 1

工作价值观	组间差	总离差	偏 Eta 方（Partial η^2）	Cohen's f 值
工作中承担更大的责任，能做更大的事情	6.822	1 033.107	0.007	0.082
工作能够为社会带来价值，有重要的社会意义	18.293	1 087.481	0.017	0.131
工作稳定、安全，无职业风险	5.753	976.956	0.006	0.077

续表

工作价值观	组间差	总离差	偏 Eta 方（Partial η^2）	Cohen's f 值
工作比较体面，让父母和周围的亲戚朋友看重我	9.714	1 399.945	0.007	0.084
晋升速度快	5.954	1 086.123	0.005	0.074

由表 4-6 可以看出，在“工作能够为社会带来价值，有重要的社会意义”上不同早年生活所在地差异幅度最大，差异幅度 Cohen's f 值为 0.131，数据的差异有 1.7%来源于不同组别间的差异；而在“晋升速度快”上不同早年生活所在地差异幅度最小，差异幅度 Cohen's f 值为 0.074，数据的差异有 0.5%来源于不同组别间的差异，说明数据的效应量化差异程度为极小程度差异。

总的来说，不同早年生活所在地的 95 后在 20 项工作价值观的评分上有 5 项存在显著差异，其中在“工作能够为社会带来价值，有重要的社会意义”维度上的评分具有最大幅度的差异，而在“晋升速度快”维度上不同早年生活所在地的 95 后评分差异最小。

4. 最高学历对 95 后工作价值观的影响

基于最高学历这一指标，本研究将 95 后样本划分为 4 类（本科、博士、硕士、专科或以下），并分析最高学历对 95 后工作价值观的影响（见表 4-7）。

表 4-7　最高学历对 95 后工作价值观各维度的影响

工作价值观	本科	博士	硕士	专科或以下	最大	最小	差值
拥有较大的权力	3.19	4.29	3.12	3.18	博士	硕士	1.17
单位的名气大，为以后跳槽提供良好的背书	3.58	4.29	3.79	3.29	博士	专科或以下	1.00
在组织当中获得更高的地位，受人尊重	3.88	4.43	3.86	3.70	博士	专科或以下	0.73

续表

工作价值观	本科	博士	硕士	专科或以下	最大	最小	差值
工作比较体面，让父母和周围的亲戚朋友看重我	3.55	4.14	3.46	3.49	博士	硕士	0.68
晋升速度快	3.75	4.14	3.73	3.58	博士	专科或以下	0.56
同事很棒，比如素质高、颜值高等	3.90	4.43	3.96	3.93	博士	本科	0.53
在工作中能获得较多的社会资源	3.95	4.29	3.80	4.09	博士	硕士	0.49
工作中承担更大的责任，能做更大的事情	3.88	4.29	3.83	3.93	博士	硕士	0.46
在工作中能自由、独立地安排工作内容与时间	4.19	4.43	4.02	4.24	博士	硕士	0.41
工作比较轻松，离家近，能有足够的时间进行旅游、锻炼等休闲娱乐活动	4.10	4.29	3.90	4.01	博士	硕士	0.39
退休后的生活有保障	4.22	4.43	4.09	4.45	专科或以下	硕士	0.36
工作能够为社会带来价值，有重要的社会意义	3.99	4.29	3.93	4.00	博士	硕士	0.36
工作稳定、安全，无职业风险	4.16	4.29	3.96	4.24	博士	硕士	0.33
在工作中能充分发挥自己的才能	4.20	4.43	4.19	4.14	博士	专科或以下	0.29
令人舒心的办公环境	4.22	4.43	4.14	4.41	博士	硕士	0.29
直属领导能力强、魅力大，让人愿意追随	4.13	4.29	4.08	4.01	博士	专科或以下	0.28
工作本身有趣味性/挑战性/创造性	4.00	3.86	4.06	4.03	硕士	博士	0.20
工作中具有良好的人际关系	4.31	4.43	4.35	4.34	博士	本科	0.12
薪酬与福利保障等物质回报	4.46	4.43	4.47	4.40	硕士	专科或以下	0.07
学习与成长的机会	4.52	4.57	4.59	4.54	硕士	本科	0.07

由表 4－7 可以看出，在 20 项工作价值观中，硕士的均值低点最多，

为10项；而博士的均值高点最多，达到16项之多。因此可以推测，硕士群体最“佛系”，而博士群体激励点最多。

最高学历对95后工作价值观的影响大部分都较大，差值大于0.20的维度达到15项。其中，“拥有较大的权力”这一维度上博士（4.29）、硕士（3.12）相差最大，差值为1.17。最高学历对95后工作价值观的影响最小的为“学习与成长的机会”，其次为“薪酬与福利保障等物质回报”。

由于最高学历是一个4分类的定类变量，因此利用单因素方差分析的方法，进一步分析最高学历对95后工作价值观的影响是否有显著差异（见表4-8）。

表4-8　最高学历在95后工作价值观各维度上的差异性检验

工作价值观	最高学历类型	平均值	标准差	F值	p值（双尾）
薪酬与福利保障等物质回报	本科	4.46	0.76	0.20	0.900
	专科或以下	4.40	0.76		
	博士	4.43	1.13		
	硕士	4.47	0.71		
学习与成长的机会	本科	4.52	0.74	0.45	0.720
	专科或以下	4.54	0.73		
	博士	4.57	0.79		
	硕士	4.59	0.60		
在组织当中获得更高的地位，受人尊重	本科	3.88	0.92	1.82	0.140
	专科或以下	3.70	1.01		
	博士	4.43	0.79		
	硕士	3.86	0.81		
工作本身有趣味性/挑战性/创造性	本科	4.00	0.87	0.35	0.790
	专科或以下	4.03	0.69		
	博士	3.86	1.22		
	硕士	4.06	0.82		
工作中具有良好的人际关系	本科	4.31	0.76	0.20	0.900
	专科或以下	4.34	0.80		
	博士	4.43	0.79		
	硕士	4.35	0.67		

续表

工作价值观	最高学历类型	平均值	标准差	F 值	p 值（双尾）
令人舒心的办公环境	本科	4.22	0.82	2.24	0.082*
	专科或以下	4.41	0.67		
	博士	4.43	0.79		
	硕士	4.14	0.82		
工作中承担更大的责任，能做更大的事情	本科	3.88	0.90	0.78	0.510
	专科或以下	3.93	0.78		
	博士	4.29	1.11		
	硕士	3.83	0.87		
工作能够为社会带来价值，有重要的社会意义	本科	3.99	0.93	0.50	0.690
	专科或以下	4.00	0.81		
	博士	4.29	0.95		
	硕士	3.93	0.89		
在工作中能自由、独立地安排工作内容与时间	本科	4.19	0.82	2.87	0.035**
	专科或以下	4.24	0.72		
	博士	4.43	0.54		
	硕士	4.02	0.87		
工作比较轻松，离家近，能有足够的时间进行旅游、锻炼等休闲娱乐活动	本科	4.10	0.96	2.62	0.050**
	专科或以下	4.01	0.96		
	博士	4.29	0.76		
	硕士	3.90	0.98		
在工作中能充分发挥自己的才能	本科	4.20	0.78	0.38	0.770
	专科或以下	4.14	0.73		
	博士	4.43	0.54		
	硕士	4.19	0.75		
工作稳定、安全，无职业风险	本科	4.16	0.86	3.46	0.016**
	专科或以下	4.24	0.75		
	博士	4.29	1.11		
	硕士	3.96	0.92		
工作比较体面，让父母和周围的亲戚朋友看重我	本科	3.55	1.03	1.30	0.270
	专科或以下	3.49	1.09		
	博士	4.14	1.07		
	硕士	3.46	1.03		
在工作中能获得较多的社会资源	本科	3.95	0.89	2.73	0.043**
	专科或以下	4.09	0.86		
	博十	4.29	1.11		
	硕士	3.80	0.85		

续表

工作价值观	最高学历类型	平均值	标准差	F值	p值（双尾）
拥有较大的权力	本科	3.19	1.05	2.99	0.030**
	专科或以下	3.18	0.94		
	博士	4.29	0.95		
	硕士	3.12	0.95		
晋升速度快	本科	3.75	0.93	1.33	0.260
	专科或以下	3.58	0.88		
	博士	4.14	1.22		
	硕士	3.73	0.83		
退休后的生活有保障	本科	4.22	0.90	3.21	0.022**
	专科或以下	4.45	0.75		
	博士	4.43	0.79		
	硕士	4.09	0.93		
单位的名气大，为以后跳槽提供良好的背书	本科	3.58	1.05	5.91	0.001***
	专科或以下	3.29	0.98		
	博士	4.29	0.95		
	硕士	3.79	0.94		
直属领导能力强、魅力大，让人愿意追随	本科	4.13	0.87	0.61	0.610
	专科或以下	4.01	0.88		
	博士	4.29	0.76		
	硕士	4.08	0.89		
同事很棒，比如素质高、颜值高等	本科	3.90	0.95	0.96	0.410
	专科或以下	3.93	0.95		
	博士	4.43	0.54		
	硕士	3.96	0.94		

注：***、**、* 分别代表1%、5%、10%的显著性水平。

由表4-8可以看出，不同最高学历的95后对不同工作价值观维度在看法上存在差异，其中，在“令人舒心的办公环境”“在工作中能自由、独立地安排工作内容与时间”“工作比较轻松，离家近，能有足够的时间进行旅游、锻炼等休闲娱乐活动”“工作稳定、安全，无职业风险”“在工作中能获得较多的社会资源”“拥有较大的权力”“退休后的生活有保障”“单位的名气大，为以后跳槽提供良好的背书”这8项维度上差异显著，但差异幅度比较小，在其他12项维度上不存在显著差异。

进一步对这8项具有显著差异的维度进行分析，表4-9显示了效应量化分析的结果，包括组间差、总离差、偏 Eta 方、Cohen's f 值，用于分析数据间的差异。

表 4-9 效应量化分析表 2

工作价值观	组间差	总离差	偏 Eta 方 (Partial η^2)	Cohen's f 值
令人舒心的办公环境	4.428	860.011	0.005	0.072
在工作中能自由、独立地安排工作内容与时间	5.760	875.524	0.007	0.081
工作比较轻松，离家近，能有足够的时间进行旅游、锻炼等休闲娱乐活动	7.295	1 214.645	0.006	0.078
工作稳定、安全，无职业风险	7.735	976.956	0.008	0.089
在工作中能获得较多的社会资源	6.343	1 014.324	0.006	0.079
拥有较大的权力	9.401	1 373.162	0.007	0.083
退休后的生活有保障	7.767	1 056.663	0.007	0.086
单位的名气大，为以后跳槽提供良好的背书	18.627	1 383.274	0.013	0.117

由表 4-9 可以看出，在“单位的名气大，为以后跳槽提供良好的背书”上不同最高学历差异幅度最大，差异幅度 Cohen's f 值为 0.117，数据的差异有 1.3%来源于不同组别间的差异；而在“令人舒心的办公环境”上不同最高学历差异幅度最小，差异幅度 Cohen's f 值为 0.072，数据的差异有 0.5%来源于不同组别间的差异，说明数据的效应量化差异程度为极小程度差异。

总的来说，不同最高学历的 95 后在 20 项工作价值观的评分上有 8 项存在显著差异，其中在“单位的名气大，为以后跳槽提供良好的背书”维度上的评分具有最大幅度的差异，而在“令人舒心的办公环境”维度上不同最高学历的 95 后评分差异最小。

5. 星座对 95 后工作价值观的影响

基于星座这一指标，本研究分别对十二个星座最看重的工作价值观前三名进行分析，汇总如表 4－10 所示。

表 4－10　不同星座最看重的工作价值观排名

星座	第一名	平均分	第二名	平均分	第三名	平均分
白羊座	学习与成长的机会	4.50	薪酬与福利保障等物质回报	4.50	工作中具有良好的人际关系	4.32
处女座	学习与成长的机会	4.50	薪酬与福利保障等物质回报	4.37	工作中具有良好的人际关系	4.35
金牛座	学习与成长的机会	4.52	薪酬与福利保障等物质回报	4.40	工作中具有良好的人际关系	4.17
巨蟹座	学习与成长的机会	4.58	退休后的生活有保障	4.44	薪酬与福利保障等物质回报	4.43
摩羯座	学习与成长的机会	4.51	薪酬与福利保障等物质回报	4.48	工作中具有良好的人际关系	4.34
射手座	学习与成长的机会	4.70	薪酬与福利保障等物质回报	4.48	工作中具有良好的人际关系	4.39
狮子座	学习与成长的机会	4.56	薪酬与福利保障等物质回报	4.56	工作中具有良好的人际关系	4.39
双鱼座	学习与成长的机会	4.61	薪酬与福利保障等物质回报	4.52	工作中具有良好的人际关系	4.44
双子座	学习与成长的机会	4.64	薪酬与福利保障等物质回报	4.49	工作中具有良好的人际关系	4.40
水瓶座	薪酬与福利保障等物质回报	4.50	学习与成长的机会	4.50	在工作中能充分发挥自己的才能	4.32
天秤座	学习与成长的机会	4.39	薪酬与福利保障等物质回报	4.37	工作中具有良好的人际关系	4.24
天蝎座	学习与成长的机会	4.62	薪酬与福利保障等物质回报	4.49	工作中具有良好的人际关系	4.36
不清楚自己什么星座	学习与成长的机会	4.31	薪酬与福利保障等物质回报	4.31	在工作中能自由、独立地安排工作内容与时间	3.94

由表 4－10 可以看出，除了水瓶座外，“学习与成长的机会”是 95 后所有星座中排名第一的工作价值观。除了水瓶座和巨蟹座外，“薪酬与福利保障等物质回报”是 95 后所有星座中排名第二的工作价值观，排名第三的工作价值观则分布在“工作中具有良好的人际关系”“在工作中能自

由、独立地安排工作内容与时间”“薪酬与福利保障等物质回报”“在工作中能充分发挥自己的才能”几个维度上，其中“工作中具有良好的人际关系”占据主要地位。

6. 工作职级对 95 后工作价值观的影响

基于工作职级这一指标，本研究将 95 后样本划分为 7 类（单位高层管理人员（含副职）、单位中层管理人员（含副职）、高级专业技术人员、基层管理人员、其他职级、一线员工、中级专业技术人员），并分析工作职级对 95 后工作价值观的影响（见表 4－11）。

表 4－11 工作职级对 95 后工作价值观各维度的影响

工作价值观	最大值	最小值	最大值所在职级	最小值所在职级	差值
单位的名气大，为以后跳槽提供良好的背书	4.80	2.17	高级专业技术人员	单位高层管理人员（含副职）	2.63
工作能够为社会带来价值，有重要的社会意义	4.60	3.00	高级专业技术人员	单位高层管理人员（含副职）	1.60
工作稳定、安全，无职业风险	4.60	3.00	高级专业技术人员	单位高层管理人员（含副职）	1.60
工作比较体面，让父母和周围的亲戚朋友看重我	3.67	2.17	单位中层管理人员（含副职）	单位高层管理人员（含副职）	1.50
退休后的生活有保障	4.60	3.17	高级专业技术人员	单位高层管理人员（含副职）	1.43
晋升速度快	4.20	2.83	高级专业技术人员	单位高层管理人员（含副职）	1.37
直属领导能力强、魅力大，让人愿意追随	5.00	3.67	高级专业技术人员	单位高层管理人员（含副职）	1.33
工作本身有趣味性/挑战性/创造性	4.80	3.50	高级专业技术人员	单位高层管理人员（含副职）	1.30
令人舒心的办公环境	4.80	3.67	高级专业技术人员	单位高层管理人员（含副职）	1.13
在工作中能充分发挥自己的才能	4.80	3.67	高级专业技术人员	单位高层管理人员（含副职）	1.13
同事很棒，比如素质高、颜值高等	4.60	3.50	高级专业技术人员	单位高层管理人员（含副职）	1.10

续表

工作价值观	最大值	最小值	最大值所在职级	最小值所在职级	差值
在组织当中获得更高的地位，受人尊重	4.60	3.67	高级专业技术人员	单位高层管理人员（含副职）	0.93
拥有较大的权力	3.83	2.94	单位中层管理人员（含副职）	中级专业技术人员	0.89
工作比较轻松，离家近，能有足够的时间进行旅游、锻炼等休闲娱乐活动	4.12	3.33	基层管理人员	单位高层管理人员（含副职）	0.79
在工作中能自由、独立地安排工作内容与时间	4.60	3.83	高级专业技术人员	单位高层管理人员（含副职）	0.77
在工作中能获得较多的社会资源	4.42	3.74	单位中层管理人员（含副职）	中级专业技术人员	0.68
学习与成长的机会	4.83	4.18	单位高层管理人员（含副职）	中级专业技术人员	0.66
工作中承担更大的责任，能做更大的事情	4.40	3.81	高级专业技术人员	其他职级	0.59
薪酬与福利保障等物质回报	4.80	4.31	高级专业技术人员	其他职级	0.49
工作中具有良好的人际关系	4.60	4.15	高级专业技术人员	中级专业技术人员	0.45

由表 4－11 可以看出，在 20 项工作价值观中，高级专业技术人员的均值高点最多，为 15 项；而单位高层管理人员（含副职）的均值低点最多，为 14 项。因此可以推测，单位高层管理人员（含副职）群体最“佛系”，而高级专业技术人员群体激励点最多。

“单位的名气大，为以后跳槽提供良好的背书”这一维度上高级专业技术人员（4.80）、单位高层管理人员（含副职）（2.17）相差最大，差值为 2.63。

由于工作职级是一个多分类的定类变量，因此利用单因素方差检验的方法，进一步分析工作职级对 95 后工作价值观的影响是否有显著差异（见表 4－12）。

表 4-12 工作职级在 95 后工作价值观各维度上的差异性检验

工作价值观	工作职级类型	平均值	标准差	F 值	p 值（双尾）
薪酬与福利保障等物质回报	一线员工	4.48	0.73	1.76	0.100
	其他职级	4.31	0.82		
	高级专业技术人员	4.80	0.45		
	单位高层管理人员（含副职）	4.33	0.82		
	基层管理人员	4.50	0.74		
	单位中层管理人员（含副职）	4.33	0.89		
	中级专业技术人员	4.32	0.84		
学习与成长的机会	一线员工	4.56	0.68	2.25	0.037**
	其他职级	4.46	0.70		
	高级专业技术人员	4.40	0.89		
	单位高层管理人员（含副职）	4.83	0.41		
	基层管理人员	4.55	0.73		
	单位中层管理人员（含副职）	4.75	0.45		
	中级专业技术人员	4.18	1.09		
在组织当中获得更高的地位，受人尊重	一线员工	3.80	0.92	3.50	0.002***
	其他职级	3.75	0.98		
	高级专业技术人员	4.60	0.89		
	单位高层管理人员（含副职）	3.67	0.82		
	基层管理人员	3.98	0.87		
	单位中层管理人员（含副职）	4.25	0.62		
	中级专业技术人员	3.68	0.95		
工作本身有趣味性/挑战性/创造性	一线员工	3.95	0.87	2.76	0.011**
	其他职级	3.98	0.84		
	高级专业技术人员	4.80	0.45		
	单位高层管理人员（含副职）	3.50	1.23		
	基层管理人员	4.09	0.83		
	单位中层管理人员（含副职）	3.92	0.90		
	中级专业技术人员	3.77	0.89		

续表

工作价值观	工作职级类型	平均值	标准差	F 值	p 值（双尾）
工作中具有良好的人际关系	一线员工	4.28	0.73	1.11	0.360
	其他职级	4.31	0.75		
	高级专业技术人员	4.60	0.55		
	单位高层管理人员（含副职）	4.33	0.52		
	基层管理人员	4.37	0.76		
	单位中层管理人员（含副职）	4.17	1.19		
	中级专业技术人员	4.15	0.78		
令人舒心的办公环境	一线员工	4.17	0.81	2.37	0.028**
	其他职级	4.23	0.84		
	高级专业技术人员	4.80	0.45		
	单位高层管理人员（含副职）	3.67	1.21		
	基层管理人员	4.29	0.78		
	单位中层管理人员（含副职）	4.00	1.04		
	中级专业技术人员	4.03	0.90		
工作中承担更大的责任，能做更大的事情	一线员工	3.81	0.88	1.95	0.070*
	其他职级	3.81	0.93		
	高级专业技术人员	4.40	0.89		
	单位高层管理人员（含副职）	4.00	0.63		
	基层管理人员	3.94	0.90		
	单位中层管理人员（含副职）	4.33	0.49		
	中级专业技术人员	3.94	0.89		
工作能够为社会带来价值，有重要的社会意义	一线员工	3.89	0.92	4.05	0.001***
	其他职级	3.98	0.83		
	高级专业技术人员	4.60	0.55		
	单位高层管理人员（含副职）	3.00	1.10		
	基层管理人员	4.09	0.91		
	单位中层管理人员（含副职）	4.08	0.90		
	中级专业技术人员	3.82	1.09		

续表

工作价值观	工作职级类型	平均值	标准差	F 值	p 值（双尾）
在工作中能自由、独立地安排工作内容与时间	一线员工	4.10	0.85	2.49	0.021**
	其他职级	4.10	0.77		
	高级专业技术人员	4.60	0.55		
	单位高层管理人员（含副职）	3.83	0.75		
	基层管理人员	4.26	0.79		
	单位中层管理人员（含副职）	4.08	0.90		
	中级专业技术人员	4.09	0.93		
工作比较轻松，离家近，能有足够的时间进行旅游、锻炼等休闲娱乐活动	一线员工	4.06	0.99	1.40	0.210
	其他职级	4.02	0.91		
	高级专业技术人员	3.60	1.14		
	单位高层管理人员（含副职）	3.33	1.03		
	基层管理人员	4.12	0.93		
	单位中层管理人员（含副职）	4.08	0.90		
	中级专业技术人员	3.85	1.18		
在工作中能充分发挥自己的才能	一线员工	4.16	0.78	3.44	0.002***
	其他职级	4.13	0.77		
	高级专业技术人员	4.80	0.45		
	单位高层管理人员（含副职）	3.67	1.21		
	基层管理人员	4.28	0.75		
	单位中层管理人员（含副职）	4.25	0.62		
	中级专业技术人员	3.88	0.84		
工作稳定、安全，无职业风险	一线员工	4.10	0.87	3.32	0.003***
	其他职级	4.22	0.79		
	高级专业技术人员	4.60	0.55		
	单位高层管理人员（含副职）	3.00	0.89		
	基层管理人员	4.18	0.87		
	单位中层管理人员（含副职）	3.92	0.90		
	中级专业技术人员	3.85	0.99		

续表

工作价值观	工作职级类型	平均值	标准差	F 值	p 值（双尾）
工作比较体面，让父母和周围的亲戚朋友看重我	一线员工	3.49	1.02	3.40	0.002***
	其他职级	3.43	1.06		
	高级专业技术人员	3.40	1.14		
	单位高层管理人员（含副职）	2.17	0.75		
	基层管理人员	3.65	1.04		
	单位中层管理人员（含副职）	3.67	0.78		
	中级专业技术人员	3.44	1.08		
在工作中能获得较多的社会资源	一线员工	3.86	0.89	3.06	0.006***
	其他职级	3.86	0.89		
	高级专业技术人员	4.20	1.10		
	单位高层管理人员（含副职）	4.17	0.75		
	基层管理人员	4.03	0.87		
	单位中层管理人员（含副职）	4.42	0.52		
	中级专业技术人员	3.74	0.86		
拥有较大的权力	一线员工	3.10	1.02	2.97	0.007***
	其他职级	3.11	0.95		
	高级专业技术人员	3.60	1.14		
	单位高层管理人员（含副职）	3.17	0.98		
	基层管理人员	3.29	1.05		
	单位中层管理人员（含副职）	3.83	0.94		
	中级专业技术人员	2.94	0.92		
晋升速度快	一线员工	3.68	0.92	4.56	0.000***
	其他职级	3.59	0.91		
	高级专业技术人员	4.20	1.10		
	单位高层管理人员（含副职）	2.83	1.17		
	基层管理人员	3.86	0.88		
	单位中层管理人员（含副职）	4.00	0.74		
	中级专业技术人员	3.47	1.02		

续表

工作价值观	工作职级类型	平均值	标准差	F 值	p 值（双尾）
退休后的生活有保障	一线员工	4.17	0.92	2.38	0.027**
	其他职级	4.25	0.83		
	高级专业技术人员	4.60	0.55		
	单位高层管理人员（含副职）	3.17	1.60		
	基层管理人员	4.28	0.89		
	单位中层管理人员（含副职）	4.17	0.94		
	中级专业技术人员	4.09	0.93		
单位的名气大，为以后跳槽提供良好的背书	一线员工	3.63	1.01	3.80	0.001***
	其他职级	3.46	1.03		
	高级专业技术人员	4.80	0.45		
	单位高层管理人员（含副职）	2.17	1.17		
	基层管理人员	3.61	1.06		
	单位中层管理人员（含副职）	3.75	0.62		
	中级专业技术人员	3.71	0.80		
直属领导能力强、魅力大，让人愿意追随	一线员工	4.06	0.87	2.32	0.031**
	其他职级	4.08	0.89		
	高级专业技术人员	5.00	0.00		
	单位高层管理人员（含副职）	3.67	1.21		
	基层管理人员	4.19	0.87		
	单位中层管理人员（含副职）	3.92	0.79		
	中级专业技术人员	4.03	0.83		
同事很棒，比如素质高、颜值高等	一线员工	3.86	0.94	1.44	0.200
	其他职级	3.93	0.98		
	高级专业技术人员	4.60	0.89		
	单位高层管理人员（含副职）	3.50	1.38		
	基层管理人员	3.97	0.93		
	单位中层管理人员（含副职）	3.67	1.07		
	中级专业技术人员	3.88	0.98		

注：***、**、* 分别代表 1%、5%、10%的显著性水平。

由表 4－12 可以看出，不同工作职级的 95 后对不同工作价值观维度在看法上存在差异，除了在“薪酬与福利保障等物质回报”“工作中具有良好的人际关系”“工作比较轻松，离家近，能有足够的时间进行旅游、锻炼等休闲娱乐”“同事很棒，比如素质高、颜值高等”这 4 项维度上没有显著差异外，在其他 16 项维度上都存在显著差异。

进一步对这 16 项具有显著差异的维度进行分析，表 4－13 显示了效应量化分析的结果，包括组间差、总离差、偏 Eta 方、Cohen's *f* 值，用于分析数据间的差异。

表 4－13　效应量化分析表 3

工作价值观	组间差	总离差	偏 Eta 方 (Partial η^2)	Cohen's *f* 值
学习与成长的机会	6.886	668.298	0.010	0.102
在组织当中获得更高的地位，受人尊重	17.233	1 080.764	0.016	0.127
工作本身有趣味性/挑战性/创造性	11.978	949.951	0.013	0.113
令人舒心的办公环境	9.312	860.011	0.011	0.105
工作中承担更大的责任，能做更大的事情	9.254	1 033.107	0.009	0.095
工作能够为社会带来价值，有重要的社会意义	20.004	1 087.481	0.018	0.137
在工作中能自由、独立地安排工作内容与时间	9.957	875.524	0.011	0.107
在工作中能充分发挥自己的才能	12.106	771.704	0.016	0.126
工作稳定、安全，无职业风险	14.774	976.956	0.015	0.124
工作比较体面，让父母和周围的亲戚朋友看重我	21.703	1 399.945	0.016	0.125
在工作中能获得较多的社会资源	14.148	1 014.324	0.014	0.119
拥有较大的权力	18.615	1 373.162	0.014	0.117
晋升速度快	22.429	1 086.123	0.021	0.145
退休后的生活有保障	11.525	1 056.663	0.011	0.105

续表

工作价值观	组间差	总离差	偏 Eta 方 (Partial η^2)	Cohen's f 值
单位的名气大，为以后跳槽提供良好的背书	23.916	1 383.274	0.017	0.133
直属领导能力强、魅力大，让人愿意追随	10.500	989.190	0.011	0.104

由表 4-13 可以看出，在“单位的名气大，为以后跳槽提供良好的背书”上不同工作职级差异幅度最大，差异幅度 Cohen's f 值为 0.133，数据的差异有 1.7%来源于不同组别间的差异；而在“工作中承担更大的责任，能做更大的事情”上不同工作职级差异幅度最小，差异幅度 Cohen's f 值为 0.095，数据的差异有 0.9%来源于不同组别间的差异，说明数据的效应量化差异程度为极小程度差异。

总的来说，不同工作职级的 95 后在 20 项工作价值观的评分上有 16 项存在显著差异，其中在“单位的名气大，为以后跳槽提供良好的背书”维度上的评分具有最大幅度的差异，而在“工作中承担更大的责任，能做更大的事情”维度上不同工作职级的 95 后评分差异最小。

7. 单位规模对 95 后工作价值观的影响

基于单位规模这一指标，本研究将 95 后样本划分为 6 类（100 人以下、100～499 人、500～999 人、1 000～4 999 人、5 000～9 999 人、10 000 人及以上），并分析单位规模对 95 后工作价值观的影响（见表 4-14）。

表 4-14　单位规模对 95 后工作价值观各维度的影响

工作价值观	最大值	最小值	最大值单位规模	最小值单位规模	差值
单位的名气大，为以后跳槽提供良好的背书	3.77	3.35	10 000 人及以上	100 人以下	0.42
晋升速度快	3.98	3.57	10 000 人及以上	100 人以下	0.41

续表

工作价值观	最大值	最小值	最大值单位规模	最小值单位规模	差值
在组织当中获得更高的地位，受人尊重	4.07	3.74	10 000 人及以上	5 000～9 999 人	0.33
工作比较体面，让父母和周围的亲戚朋友看重我	3.67	3.34	1 000～4 999 人	100 人以下	0.33
工作中承担更大的责任，能做更大的事情	4.03	3.71	10 000 人及以上	100 人以下	0.32
拥有较大的权力	3.32	3.00	10 000 人及以上	5 000～9 999 人	0.32
在工作中能充分发挥自己的才能	4.35	4.04	10 000 人及以上	100 人以下	0.31
工作能够为社会带来价值，有重要的社会意义	4.10	3.82	10 000 人及以上	100 人以下	0.28
同事很棒，比如素质高、颜值高等	4.03	3.76	10 000 人及以上	100 人以下	0.27
工作本身有趣味性/挑战性/创造性	4.11	3.85	10 000 人及以上	100 人以下	0.26
在工作中能自由、独立地安排工作内容与时间	4.30	4.04	10 000 人及以上	100 人以下	0.26
工作比较轻松，离家近，能有足够的时间进行旅游、锻炼等休闲娱乐活动	4.14	3.90	1 000～4 999 人	5 000～9 999 人	0.24
学习与成长的机会	4.67	4.44	5 000～9 999 人	100 人以下	0.23
在工作中能获得较多的社会资源	4.07	3.86	10 000 人及以上	500～999 人	0.21
薪酬与福利保障等物质回报	4.56	4.35	10 000 人及以上	100 人以下	0.21
直属领导能力强、魅力大，让人愿意追随	4.17	4.01	1 000～4 999 人	5 000～9 999 人	0.16
工作稳定、安全，无职业风险	4.22	4.07	1 000～4 999 人	100 人以下	0.15
退休后的生活有保障	4.29	4.17	5 000～9 999 人	100～499 人	0.12
工作中具有良好的人际关系	4.38	4.26	10 000 人及以上	100 人以下	0.12
令人舒心的办公环境	4.29	4.17	1 000 人～4 999 人	100 人以下	0.12

由表 4－14 可以看出，在 20 项工作价值观中，单位规模在 10 000 人及以上的均值高点最多，为 13 项；而单位规模在 100 人以下的均值低点最多，为 14 项。因此可以推测，单位规模在 10 000 人及以上的群体激励点最多，而单位规模在 100 人以下的群体激励点最少。

“单位的名气大，为以后跳槽提供良好的背书”这一维度上 10 000 人及以上（3.77）、100 人以下（3.35）相差最大，差值为 0.42。单位规模对 95 后工作价值观的影响最小的为“令人舒心的办公环境”。

由于单位规模是一个多分类的定类变量，因此利用单因素方差分析的方法，进一步分析单位规模对 95 后工作价值观的影响是否有显著差异（见表 4－15）。

表 4－15　单位规模在 95 后工作价值观各维度上的差异性检验

工作价值观	单位规模	平均值	标准差	F 值	p 值（双尾）
薪酬与福利保障等物质回报	100 人以下	4.35	0.72	2.48	0.030**
	100～499 人	4.45	0.80		
	500～999 人	4.39	0.85		
	1 000～4 999 人	4.50	0.76		
	5 000～9 999 人	4.50	0.74		
	10 000 人及以上	4.56	0.64		
学习与成长的机会	100 人以下	4.44	0.72	3.89	0.002***
	100～499 人	4.46	0.80		
	500～999 人	4.52	0.70		
	1 000～4 999 人	4.54	0.78		
	5 000～9 999 人	4.67	0.64		
	10 000 人及以上	4.67	0.55		
在组织当中获得更高的地位，受人尊重	100 人以下	3.74	0.94	4.87	0.000***
	100～499 人	3.83	0.92		
	500～999 人	3.74	0.95		
	1 000～4 999 人	3.93	0.90		
	5 000～9 999 人	3.74	0.90		
	10 000 人及以上	4.07	0.83		

续表

工作价值观	单位规模	平均值	标准差	F 值	p 值（双尾）
工作本身有趣味性/挑战性/创造性	100 人以下	3.85	0.88	2.73	0.018**
	100～499 人	4.05	0.88		
	500～999 人	3.97	0.85		
	1 000～4 999 人	4.03	0.85		
	5 000～9 999 人	4.00	0.86		
	10 000 人及以上	4.11	0.79		
工作中具有良好的人际关系	100 人以下	4.26	0.77	1.15	0.330
	100～499 人	4.27	0.83		
	500～999 人	4.31	0.71		
	1 000～4 999 人	4.36	0.75		
	5 000～9 999 人	4.36	0.80		
	10 000 人及以上	4.38	0.65		
令人舒心的办公环境	100 人以下	4.17	0.84	0.75	0.590
	100～499 人	4.22	0.82		
	500～999 人	4.19	0.84		
	1 000～4 999 人	4.29	0.83		
	5 000～9 999 人	4.17	0.76		
	10 000 人及以上	4.26	0.76		
工作中承担更大的责任，能做更大的事情	100 人以下	3.71	0.85	3.72	0.002***
	100～499 人	3.84	0.94		
	500～999 人	3.84	0.90		
	1 000～4 999 人	3.92	0.89		
	5 000～9 999 人	3.93	0.97		
	10 000 人及以上	4.03	0.82		
工作能够为社会带来价值，有重要的社会意义	100 人以下	3.82	0.92	3.42	0.004***
	100～499 人	3.91	0.93		
	500～999 人	4.01	0.88		
	1 000～4 999 人	4.07	0.90		
	5 000～9 999 人	3.97	0.98		
	10 000 人及以上	4.10	0.88		
在工作中能自由、独立地安排工作内容与时间	100 人以下	4.04	0.84	2.79	0.016**
	100～499 人	4.18	0.79		
	500～999 人	4.15	0.88		
	1 000～4 999 人	4.16	0.82		
	5 000～9 999 人	4.11	0.83		
	10 000 人及以上	4.30	0.78		

续表

工作价值观	单位规模	平均值	标准差	F 值	p 值（双尾）
工作比较轻松，离家近，能有足够的时间进行旅游、锻炼等休闲娱乐活动	100 人以下	3.98	0.92	1.47	0.200
	100～499 人	4.08	0.94		
	500～999 人	4.06	1.00		
	1 000～4 999 人	4.14	0.97		
	5 000～9 999 人	3.90	1.00		
	10 000 人及以上	4.13	1.01		
在工作中能充分发挥自己的才能	100 人以下	4.04	0.79	4.56	0.000***
	100～499 人	4.17	0.77		
	500～999 人	4.17	0.78		
	1 000～4 999 人	4.24	0.74		
	5 000～9 999 人	4.16	0.85		
	10 000 人及以上	4.35	0.72		
工作稳定、安全，无职业风险	100 人以下	4.07	0.85	1.35	0.240
	100～499 人	4.08	0.94		
	500～999 人	4.18	0.91		
	1 000～4 999 人	4.22	0.80		
	5 000～9 999 人	4.08	0.88		
	10 000 人及以上	4.18	0.83		
工作比较体面，让父母和周围的亲戚朋友看重我	100 人以下	3.34	1.02	3.52	0.004***
	100～499 人	3.50	1.05		
	500～999 人	3.57	1.02		
	1 000～4 999 人	3.67	0.99		
	5 000～9 999 人	3.43	1.04		
	10 000 人及以上	3.65	1.07		
在工作中能获得较多的社会资源	100 人以下	3.90	0.87	1.78	0.120
	100～499 人	3.88	0.85		
	500～999 人	3.86	0.86		
	1 000～4 999 人	3.94	0.95		
	5 000～9 999 人	3.90	0.86		
	10 000 人及以上	4.07	0.87		
拥有较大的权力	100 人以下	3.09	0.97	2.07	0.066*
	100～499 人	3.15	0.98		
	500～999 人	3.17	0.99		
	1 000～4 999 人	3.24	1.08		
	5 000～9 999 人	3.00	1.06		
	10 000 人及以上	3.32	1.08		

续表

工作价值观	单位规模	平均值	标准差	F 值	p 值（双尾）
晋升速度快	100 人以下	3.57	0.93	6.53	0.000***
	100～499 人	3.64	0.91		
	500～999 人	3.73	0.87		
	1 000～4 999 人	3.77	0.96		
	5 000～9 999 人	3.67	0.93		
	10 000 人及以上	3.98	0.84		
退休后的生活有保障	100 人以下	4.21	0.88	0.54	0.750
	100～499 人	4.17	0.95		
	500～999 人	4.28	0.86		
	1 000～4 999 人	4.20	0.92		
	5 000～9 999 人	4.29	0.85		
	10 000 人及以上	4.25	0.89		
单位的名气大，为以后跳槽提供良好的背书	100 人以下	3.35	1.04	4.67	0.000***
	100～499 人	3.60	0.98		
	500～999 人	3.60	1.03		
	1 000～4 999 人	3.66	1.03		
	5 000～9 999 人	3.62	1.03		
	10 000 人及以上	3.77	1.05		
直属领导能力强、魅力大，让人愿意追随	100 人以下	4.03	0.88	1.04	0.390
	100～499 人	4.14	0.85		
	500～999 人	4.11	1.00		
	1 000～4 999 人	4.17	0.80		
	5 000～9 999 人	4.01	0.84		
	10 000 人及以上	4.14	0.87		
同事很棒，比如素质高、颜值高等	100 人以下	3.76	0.96	2.55	0.026**
	100～499 人	3.88	0.97		
	500～999 人	3.98	1.03		
	1 000～4 999 人	3.96	0.84		
	5 000～9 999 人	3.84	0.98		
	10 000 人及以上	4.03	0.93		

注：***、**、* 分别代表 1%、5%、10%的显著性水平。

由表 4－15 可以看出，不同单位规模的 95 后对不同工作价值观维度在看法上存在差异，除了在“工作中具有良好的人际关系”“令人舒心的办公环境”“工作比较轻松，离家近，能有足够的时间进行旅游、锻炼等休闲娱乐活动”“工作稳定、安全，无职业风险”“在工作中能获得较多的社会资源”“退休后的生活有保障”“直属领导能力强、魅力大，让人愿意追随”这 7 项维度上没有显著差异外，在其他 13 项维度上都存在显著差异。

进一步对这 13 项有显著差异的维度进行分析，表 4-16 显示了效应量化分析的结果，包括组间差、总离差、偏 Eta 方、Cohen's *f* 值，用于分析数据间的差异。

表 4-16　效应量化分析表 4

工作价值观	组间差	总离差	偏 Eta 方 (Partial η^2)	Cohen's *f* 值
薪酬与福利保障等物质回报	6.976	735.635	0.009	0.098
学习与成长的机会	9.879	668.298	0.015	0.122
在组织当中获得更高的地位，受人尊重	19.914	1 080.764	0.018	0.137
工作本身有趣味性/挑战性/创造性	9.891	949.951	0.010	0.103
工作中承担更大的责任，能做更大的事情	14.612	1 033.107	0.014	0.120
工作能够为社会带来价值，有重要的社会意义	14.148	1 087.481	0.013	0.115
在工作中能自由、独立地安排工作内容与时间	9.329	875.524	0.011	0.104
在工作中能充分发挥自己的才能	13.342	771.704	0.017	0.133
工作比较体面，让父母和周围的亲戚朋友看重我	18.764	1 399.945	0.013	0.117
拥有较大的权力	10.886	1 373.162	0.008	0.089
晋升速度快	26.661	1 086.123	0.025	0.159
单位的名气大，为以后跳槽提供良好的背书	24.462	1 383.274	0.018	0.134
同事很棒，比如素质高、颜值高等	11.344	1 165.200	0.010	0.099

由表 4-16 可以看出，在“晋升速度快”上不同单位规模差异幅度最大，差异幅度 Cohen's *f* 值为 0.159，数据的差异有 2.5%来源于不同组别间的差异；而在“拥有较大的权力”上不同单位规模差异幅度最小，差异幅度 Cohen's *f* 值为 0.089，数据的差异有 0.8%来源于不同组别间的差

异，说明数据的效应量化差异程度为极小程度差异。

总的来说，不同单位规模的95后在20项工作价值观的评分上有13项存在显著差异，其中在“晋升速度快”维度上的评分具有最大幅度的差异，而在“有较大的权力”维度上不同单位规模的95后评分差异最小。

8. 单位性质对95后工作价值观的影响

基于单位性质这一指标，本研究将95后样本划分为7类（党政机关、国有企业、合资企业、民营/私营企业、事业单位、外资企业及其他单位），并分析单位性质对95后工作价值观的影响（见表4-17）。

表4-17 单位性质对95后工作价值观各维度的影响

工作价值观	最大值	最小值	最大值单位性质	最小值单位性质	差值
工作比较体面，让父母和周围的亲戚朋友看重我	3.69	3.02	国有企业	外资企业	0.67
工作能够为社会带来价值，有重要的社会意义	4.20	3.56	事业单位	外资企业	0.64
工作中承担更大的责任，能做更大的事情	3.99	3.39	国有企业	党政机关	0.60
在工作中能获得较多的社会资源	4.06	3.50	国有企业	外资企业	0.56
晋升速度快	3.90	3.38	国有企业	事业单位	0.52
拥有较大的权力	3.34	2.83	国有企业	外资企业	0.51
单位的名气大，为以后跳槽提供良好的背书	3.75	3.24	合资企业	党政机关	0.51
退休后的生活有保障	4.32	3.83	国有企业	外资企业	0.49
工作稳定、安全，无职业风险	4.34	3.88	其他单位	外资企业	0.46
工作比较轻松，离家近，能有足够的时间进行旅游、锻炼等休闲娱乐活动	4.23	3.79	事业单位	合资企业	0.44
令人舒心的办公环境	4.40	4.00	事业单位	合资企业	0.40
薪酬与福利保障等物质回报	4.63	4.24	外资企业	党政机关	0.39
直属领导能力强、魅力大，让人愿意追随	4.21	3.83	合资企业	党政机关	0.38

续表

工作价值观	最大值	最小值	最大值单位性质	最小值单位性质	差值
学习与成长的机会	4.58	4.22	合资企业	党政机关	0.36
在工作中能充分发挥自己的才能	4.26	3.90	国有企业	党政机关	0.36
同事很棒，比如素质高、颜值高等	3.98	3.63	国有企业	外资企业	0.35
工作本身有趣味性/挑战性/创造性	4.05	3.70	国有企业	其他单位	0.35
在工作中能自由、独立地安排工作内容与时间	4.27	3.93	国有企业	党政机关	0.34
工作中具有良好的人际关系	4.42	4.08	事业单位	外资企业	0.34
在组织当中获得更高的地位，受人尊重	3.94	3.68	国有企业	其他单位	0.26

由表4-17可以看出，在20项工作价值观中，单位性质为国有企业的均值高点最多，为11项；而单位性质为外资企业的均值低点最多，为8项。因此可以推测，就职在国有企业的群体激励点最多，而就职在外资企业的群体激励点最少。

“工作比较体面，让父母和周围的亲戚朋友看重我”这一维度上国有企业（3.69）、外资企业（3.02）相差最大，差值为0.67。单位性质对95后工作价值观的影响最小的为“在组织当中获得更高的地位，受人尊重”。

由于单位性质是一个多分类的定类变量，因此利用单因素方差分析的方法，进一步分析单位性质对95后工作价值观的影响是否有显著差异（见表4-18）。

表4-18　单位性质在95后工作价值观各维度上的差异性检验

工作价值观	单位性质	平均值	标准差	F 值	p 值（双尾）
薪酬与福利保障等物质回报	民营/私营企业	4.39	0.71	3.45	0.002***
	其他单位	4.26	0.79		
	事业单位	4.35	0.84		
	国有企业	4.53	0.75		
	外资企业	4.63	0.57		
	党政机关	4.24	0.86		
	合资企业	4.38	0.92		

续表

工作价值观	单位性质	平均值	标准差	F 值	p 值（双尾）
学习与成长的机会	民营/私营企业	4.58	0.61	3.11	0.005***
	其他单位	4.34	0.71		
	事业单位	4.37	0.73		
	国有企业	4.56	0.76		
	外资企业	4.56	0.50		
	党政机关	4.22	0.76		
	合资企业	4.58	0.93		
在组织当中获得更高的地位，受人尊重	民营/私营企业	3.77	0.87	1.87	0.082*
	其他单位	3.68	0.94		
	事业单位	3.88	0.89		
	国有企业	3.94	0.93		
	外资企业	3.83	0.83		
	党政机关	3.81	0.98		
	合资企业	3.79	0.88		
工作本身有趣味性/挑战性/创造性	民营/私营企业	4.04	0.77	2.82	0.010***
	其他单位	3.70	0.77		
	事业单位	3.88	0.99		
	国有企业	4.05	0.87		
	外资企业	3.92	0.90		
	党政机关	3.71	0.93		
	合资企业	4.00	0.89		
工作中具有良好的人际关系	民营/私营企业	4.26	0.72	2.37	0.028**
	其他单位	4.17	0.75		
	事业单位	4.42	0.76		
	国有企业	4.37	0.76		
	外资企业	4.08	0.74		
	党政机关	4.37	0.62		
	合资企业	4.21	0.98		
令人舒心的办公环境	民营/私营企业	4.11	0.79	2.62	0.016**
	其他单位	4.17	0.73		
	事业单位	4.40	0.70		
	国有企业	4.28	0.83		
	外资企业	4.13	0.89		
	党政机关	4.24	0.66		
	合资企业	4.00	1.02		

续表

工作价值观	单位性质	平均值	标准差	F 值	p 值（双尾）
工作中承担更大的责任，能做更大的事情	民营/私营企业	3.80	0.83	6.82	0.000***
	其他单位	3.72	0.74		
	事业单位	3.85	0.94		
	国有企业	3.99	0.89		
	外资企业	3.44	0.99		
	党政机关	3.39	0.92		
	合资企业	3.79	0.93		
工作能够为社会带来价值，有重要的社会意义	民营/私营企业	3.75	0.93	10.12	0.000***
	其他单位	3.79	0.74		
	事业单位	4.20	0.87		
	国有企业	4.12	0.89		
	外资企业	3.56	0.92		
	党政机关	3.93	0.79		
	合资企业	3.79	0.98		
在工作中能自由、独立地安排工作内容与时间	民营/私营企业	4.00	0.83	5.50	0.000***
	其他单位	4.11	0.70		
	事业单位	4.22	0.84		
	国有企业	4.27	0.80		
	外资企业	4.02	0.84		
	党政机关	3.93	0.85		
	合资企业	4.00	1.02		
工作比较轻松，离家近，能有足够的时间进行旅游、锻炼等休闲娱乐活动	民营/私营企业	3.91	0.97	3.34	0.003***
	其他单位	3.91	0.90		
	事业单位	4.23	0.90		
	国有企业	4.14	0.98		
	外资企业	4.17	0.93		
	党政机关	4.17	0.70		
	合资企业	3.79	1.18		
在工作中能充分发挥自己的才能	民营/私营企业	4.13	0.73	2.63	0.016**
	其他单位	4.06	0.63		
	事业单位	4.16	0.90		
	国有企业	4.26	0.77		
	外资企业	4.21	0.74		
	党政机关	3.90	0.70		
	合资企业	4.21	0.98		

续表

工作价值观	单位性质	平均值	标准差	F 值	p 值（双尾）
工作稳定、安全，无职业风险	民营/私营企业	3.97	0.88	4.82	0.000***
	其他单位	4.34	0.59		
	事业单位	4.32	0.83		
	国有企业	4.20	0.85		
	外资企业	3.88	1.04		
	党政机关	4.15	0.73		
	合资企业	3.96	1.04		
工作比较体面，让父母和周围的亲戚朋友看重我	民营/私营企业	3.30	1.02	8.17	0.000***
	其他单位	3.43	0.82		
	事业单位	3.64	0.98		
	国有企业	3.69	1.04		
	外资企业	3.02	1.06		
	党政机关	3.61	0.89		
	合资企业	3.38	1.01		
在工作中能获得较多的社会资源	民营/私营企业	3.81	0.90	6.29	0.000***
	其他单位	3.83	0.80		
	事业单位	3.78	0.84		
	国有企业	4.06	0.87		
	外资企业	3.50	0.95		
	党政机关	3.83	0.83		
	合资企业	3.88	0.74		
拥有较大的权力	民营/私营企业	3.00	0.95	6.82	0.000***
	其他单位	3.02	0.93		
	事业单位	3.07	1.02		
	国有企业	3.34	1.05		
	外资企业	2.83	1.08		
	党政机关	2.88	0.98		
	合资企业	3.21	0.78		
晋升速度快	民营/私营企业	3.58	0.86	10.04	0.000***
	其他单位	3.47	0.89		
	事业单位	3.38	0.89		
	国有企业	3.90	0.90		
	外资企业	3.58	0.99		
	党政机关	3.42	1.02		
	合资企业	3.58	1.02		

续表

工作价值观	单位性质	平均值	标准差	F 值	p 值（双尾）
退休后的生活有保障	民营/私营企业	4.04	0.98	5.72	0.000***
	其他单位	4.23	0.78		
	事业单位	4.31	0.74		
	国有企业	4.32	0.87		
	外资企业	3.83	1.06		
	党政机关	4.27	0.67		
	合资企业	4.17	1.01		
单位的名气大，为以后跳槽提供良好的背书	民营/私营企业	3.64	0.94	1.93	0.073*
	其他单位	3.51	1.03		
	事业单位	3.36	1.14		
	国有企业	3.62	1.07		
	外资企业	3.71	0.92		
	党政机关	3.24	0.99		
	合资企业	3.75	1.03		
直属领导能力强、魅力大，让人愿意追随	民营/私营企业	4.14	0.80	2.01	0.061*
	其他单位	4.11	0.78		
	事业单位	3.90	1.11		
	国有企业	4.15	0.86		
	外资企业	3.98	0.96		
	党政机关	3.83	1.02		
	合资企业	4.21	0.93		
同事很棒，比如素质高、颜值高等	民营/私营企业	3.85	0.90	2.04	0.057*
	其他单位	3.93	0.94		
	事业单位	3.93	0.99		
	国有企业	3.98	0.94		
	外资企业	3.63	1.10		
	党政机关	3.78	1.01		
	合资企业	3.67	1.01		

注：***、**、*分别代表1%、5%、10%的显著性水平。

由表 4－18 可以看出，不同单位性质的 95 后对 20 项工作价值观维度在看法上全部存在显著差异。

进一步对这 20 项具有显著差异的维度进行分析，表 4－19 显示了效应量化分析的结果，包括组间差、总离差、偏 Eta 方、Cohen's f 值，用于分析数据间的差异。

表 4-19　效应量化分析表 5

工作价值观	组间差	总离差	偏 Eta 方 (Partial η^2)	Cohen's f 值
薪酬与福利保障等物质回报	11.560	735.635	0.016	0.126
学习与成长的机会	9.493	668.298	0.014	0.120
在组织当中获得更高的地位，受人尊重	9.291	1 080.764	0.009	0.093
工作本身有趣味性/挑战性/创造性	12.258	949.951	0.013	0.114
工作中具有良好的人际关系	7.981	734.824	0.011	0.105
令人舒心的办公环境	10.313	860.011	0.012	0.110
工作中承担更大的责任，能做更大的事情	31.632	1 033.107	0.031	0.178
工作能够为社会带来价值，有重要的社会意义	48.677	1 087.481	0.045	0.216
在工作中能自由、独立地安排工作内容与时间	21.736	875.524	0.025	0.160
工作比较轻松，离家近，能有足够的时间进行旅游、锻炼等休闲娱乐活动	18.504	1 214.645	0.015	0.124
在工作中能充分发挥自己的才能	9.267	771.704	0.012	0.110
工作稳定、安全，无职业风险	21.321	976.956	0.022	0.149
工作比较体面，让父母和周围的亲戚朋友看重我	51.011	1 399.945	0.036	0.194
在工作中能获得较多的社会资源	28.714	1 014.324	0.028	0.171
拥有较大的权力	41.997	1 373.162	0.031	0.178
晋升速度快	48.260	1 086.123	0.044	0.216
退休后的生活有保障	27.265	1 056.663	0.026	0.163
单位的名气大，为以后跳槽提供良好的背书	12.263	1 383.274	0.009	0.095
直属领导能力强、魅力大，让人愿意追随	9.119	989.190	0.009	0.096
同事很棒，比如素质高、颜值高等	10.925	1 165.200	0.009	0.097

由表 4-19 可以看出，在“工作能够为社会带来价值，有重要的社会意义”“晋升速度快”上不同单位性质差异幅度最大，差异幅度 Cohen's f

值均为0.216，数据的差异分别有4.5%、4.4%来源于不同组别间的差异；而在“在组织当中获得更高的地位，受人尊重”上不同单位性质差异幅度最小，差异幅度Cohen's f 值为0.093，数据的差异有0.9%来源于不同组别间的差异，说明数据的效应量化差异程度为极小程度差异。

总的来说，不同单位性质的95后在20项工作价值观的评分上都存在显著差异，其中在“工作能够为社会带来价值，有重要的社会意义”“晋升速度快”维度上的评分具有最大幅度的差异，而在“在组织当中获得更高的地位，受人尊重”维度上不同单位性质的95后评分差异最小。

（二）95前工作价值观

1. 95前总体样本的工作价值观状况

本研究将样本中出生年份在1995年之前的样本划分出来分析95前的工作价值观。总体来说，95前对20项工作价值观进行评价的重要性排序如表4-20所示。

表4-20 95前工作价值观重要性排序

工作价值观	平均分
学习与成长的机会	4.45
薪酬与福利保障等物质回报	4.36
工作中具有良好的人际关系	4.27
在工作中能充分发挥自己的才能	4.25
退休后的生活有保障	4.14
在工作中能自由、独立地安排工作内容与时间	4.11
直属领导能力强、魅力大，让人愿意追随	4.08
工作稳定、安全，无职业风险	4.04
在组织当中获得更高的地位，受人尊重	4.03
令人舒心的办公环境	4.00

续表

工作价值观	平均分
工作本身有趣味性/挑战性/创造性	3.99
工作能够为社会带来价值，有重要的社会意义	3.96
工作中承担更大的责任，能做更大的事情	3.92
在工作中能获得较多的社会资源	3.84
工作比较轻松，离家近，能有足够的时间进行旅游、锻炼等休闲娱乐活动	3.75
同事很棒，比如素质高、颜值高等	3.71
晋升速度快	3.55
单位的名气大，为以后跳槽提供良好的背书	3.54
工作比较体面，让父母和周围的亲戚朋友看重我	3.44
拥有较大的权力	3.22

由表 4－20 可以看出，“学习与成长的机会”“薪酬与福利保障等物质回报”“工作中具有良好的人际关系”为 95 前最看重的 3 项工作价值观，平均分分别为 4.45、4.36、4.27。

而“单位的名气大，为以后跳槽提供良好的背书”“工作比较体面，让父母和周围的亲戚朋友看重我”“拥有较大的权力”为 95 前不太看重的 3 项工作价值观，平均分分别为 3.54、3.44、3.22。

下面进一步细分 95 前，分年龄段对 95 前的工作价值观进行分析。

2. 95 前分样本——90 后样本的工作价值观状况

90 后（这里指 1990—1994 年出生的群体）对 20 项工作价值观进行评价的重要性排序如表 4－21 所示。

表 4－21　90 后工作价值观重要性排序

工作价值观	平均分
学习与成长的机会	4.55
薪酬与福利保障等物质回报	4.40
工作中具有良好的人际关系	4.25
在工作中能充分发挥自己的才能	4.20

续表

工作价值观	平均分
直属领导能力强、魅力大，让人愿意追随	4.14
令人舒心的办公环境	4.09
在工作中能自由、独立地安排工作内容与时间	4.09
退休后的生活有保障	4.08
工作稳定、安全，无职业风险	4.07
在组织当中获得更高的地位，受人尊重	3.99
工作本身有趣味性/挑战性/创造性	3.94
工作能够为社会带来价值，有重要的社会意义	3.91
工作中承担更大的责任，能做更大的事情	3.88
在工作中能获得较多的社会资源	3.86
工作比较轻松，离家近，能有足够的时间进行旅游、锻炼等休闲娱乐活动	3.84
同事很棒，比如素质高、颜值高等	3.82
单位的名气大，为以后跳槽提供良好的背书	3.59
晋升速度快	3.58
工作比较体面，让父母和周围的亲戚朋友看重我	3.43
拥有较大的权力	3.13

由表 4－21 可以看出，“学习与成长的机会”“薪酬与福利保障等物质回报”“工作中具有良好的人际关系”为 90 后最看重的 3 项工作价值观，平均分分别为 4.55、4.40、4.25。

而“晋升速度快”“工作比较体面，让父母和周围的亲戚朋友看重我”“拥有较大的权力”为 90 后不太看重的 3 项工作价值观，平均分分别为 3.58、3.43、3.13。除了在“单位名气大，为以后跳槽提供良好的背书”“晋升速度快”的排序上有些许差别外，与前面的结论基本一致。

3. 95 前分样本——80 后样本的工作价值观状况

1980—1989 年出生的 80 后对 20 项工作价值观进行评价的重要性排序如表 4－22 所示。

表 4-22　80 后工作价值观重要性排序

工作价值观	平均分
学习与成长的机会	4.45
薪酬与福利保障等物质回报	4.38
在工作中能充分发挥自己的才能	4.29
工作中具有良好的人际关系	4.26
退休后的生活有保障	4.16
在工作中能自由、独立地安排工作内容与时间	4.12
直属领导能力强、魅力大，让人愿意追随	4.07
在组织当中获得更高的地位，受人尊重	4.07
工作本身有趣味性/挑战性/创造性	4.05
工作稳定、安全，无职业风险	4.01
工作能够为社会带来价值，有重要的社会意义	3.97
工作中承担更大的责任，能做更大的事情	3.96
令人舒心的办公环境	3.95
在工作中能获得较多的社会资源	3.81
工作比较轻松，离家近，能有足够的时间进行旅游、锻炼等休闲娱乐活动	3.70
同事很棒，比如素质高、颜值高等	3.68
单位的名气大，为以后跳槽提供良好的背书	3.59
晋升速度快	3.57
工作比较体面，让父母和周围的亲戚朋友看重我	3.44
拥有较大的权力	3.29

由表 4-22 可以看出，“学习与成长的机会”“薪酬与福利保障等物质回报”“在工作中能充分发挥自己的才能”为 80 后最看重的 3 项工作价值观，平均分分别为 4.45、4.38、4.29。“工作中具有良好的人际关系”则与 90 后不同，位居第四。

而“晋升速度快”“工作比较体面，让父母和周围的亲戚朋友看重我”“拥有较大的权力”为 80 后不太看重的 3 项工作价值观，平均分分别为 3.57、3.44、3.29。这与前面的结论一致。

4. 95前分样本——70后样本的工作价值观状况

1970—1979年出生的70后对20项工作价值观进行评价的重要性排序如表4-23所示。

表4-23　70后工作价值观重要性排序

工作价值观	平均分
工作中具有良好的人际关系	4.39
在工作中能充分发挥自己的才能	4.26
退休后的生活有保障	4.21
在工作中能自由、独立地安排工作内容与时间	4.12
学习与成长的机会	4.10
薪酬与福利保障等物质回报	4.08
工作能够为社会带来价值，有重要的社会意义	4.06
工作稳定、安全，无职业风险	4.03
直属领导能力强、魅力大，让人愿意追随	3.98
在组织当中获得更高的地位，受人尊重	3.97
工作本身有趣味性/挑战性/创造性	3.90
令人舒心的办公环境	3.90
工作中承担更大的责任，能做更大的事情	3.88
在工作中能获得较多的社会资源	3.88
工作比较轻松，离家近，能有足够的时间进行旅游、锻炼等休闲娱乐活动	3.64
同事很棒，比如素质高、颜值高等	3.49
工作比较体面，让父母和周围的亲戚朋友看重我	3.41
晋升速度快	3.37
拥有较大的权力	3.26
单位的名气大，为以后跳槽提供良好的背书	3.17

由表4-23可以看出，与80后、90后、95后不同，“工作中具有良好的人际关系”是70后最看重的工作价值观，平均分为4.39。“学习与成长的机会”“薪酬与福利保障等物质回报”的排名在“在工作中能充分发挥自己的才能”“退休后的生活有保障”之后。

而“晋升速度快”“拥有较大的权力”“单位的名气大，为以后跳槽提供良好的背书”为70后不太看重的3项工作价值观，平均分分别为3.37、3.26、3.17。这与前面的结论较为一致。

5. 95前分样本——60后样本的工作价值观状况

1960—1969年出生的60后对20项工作价值观进行评价的重要性排序如表4-24所示。

表4-24 60后工作价值观重要性排序

工作价值观	平均分
退休后的生活有保障	4.57
薪酬与福利保障等物质回报	4.50
在组织当中获得更高的地位，受人尊重	4.36
工作中具有良好的人际关系	4.36
令人舒心的办公环境	4.29
工作能够为社会带来价值，有重要的社会意义	4.29
学习与成长的机会	4.21
在工作中能充分发挥自己的才能	4.21
工作本身有趣味性/挑战性/创造性	4.14
工作中承担更大的责任，能做更大的事情	4.14
在工作中能自由、独立地安排工作内容与时间	4.14
工作稳定、安全，无职业风险	4.07
在工作中能获得较多的社会资源	4.07
直属领导能力强、魅力大，让人愿意追随	3.86
工作比较轻松，离家近，能有足够的时间进行旅游、锻炼等休闲娱乐活动	3.57
工作比较体面，让父母和周围的亲戚朋友看重我	3.57
晋升速度快	3.57
单位的名气大，为以后跳槽提供良好的背书	3.43
拥有较大的权力	3.29
同事很棒，比如素质高、颜值高等	3.29

由表 4-24 可以看出，与之前的结论不同，“退休后的生活有保障”为临近退休的 60 后最看重的工作价值观，平均分为 4.57。“薪酬与福利保障等物质回报”仍是被看重的因素，排名第二，平均分为 4.50。“在组织当中获得更高的地位，受人尊重”的排名与之前年龄段的排名有较大差异，位居第三，平均分为 4.36。

而“单位的名气大，为以后跳槽提供良好的背书”“拥有较大的权力”“同事很棒，比如素质高、颜值高等”为 60 后不太看重的 3 项工作价值观，平均分分别为 3.43、3.29、3.29。

6. 不同年龄段在各个工作价值观维度的得分差异

为了进一步分析各个工作价值观维度在不同年龄段群体中的得分情况，我们绘制了直方图。由于本研究的主要对象是 95 后，因此对 95 后最看重的前 10 项工作价值观进行了分析，研究不同年龄段的差异状况。这些工作价值观分别为“学习与成长的机会”“薪酬与福利保障等物质回报”“工作中具有良好的人际关系”“令人舒心的办公环境”“退休后的生活有保障”“在工作中能充分发挥自己的才能”“在工作中能自由、独立地安排工作内容与时间”“工作稳定、安全，无职业风险”“直属领导能力强、魅力大，让人愿意追随”“工作比较轻松，离家近，能有足够的时间进行旅游、锻炼等休闲娱乐活动”。

（1）不同年龄段在“学习与成长的机会”维度的得分差异。为了更加直观地显示各个年龄段（60 后、70 后、80 后、90 后与 95 后）的样本对“学习与成长的机会”的看法差异，本研究绘制直方图来对比不同年龄段受访者的评分均值（见图 4-1）。

由图 4-1 可知，70 后是最不看重“学习与成长的机会”的群体，而 90 后与 95 后对“学习与成长的机会”的看重程度较为接近，且是最看重“学习与成长的机会”的群体。

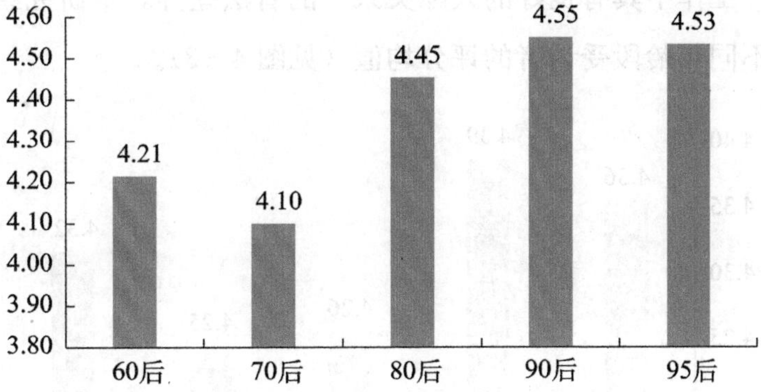

图 4-1　不同年龄段对“学习与成长的机会”的看法差异

（2）不同年龄段在“薪酬与福利保障等物质回报”维度的得分差异。为了更加直观地显示各个年龄段（60 后、70 后、80 后、90 后与 95 后）的样本对“薪酬与福利保障等物质回报”的看法差异，本研究绘制直方图对比不同年龄段受访者的评分均值（见图 4-2）。

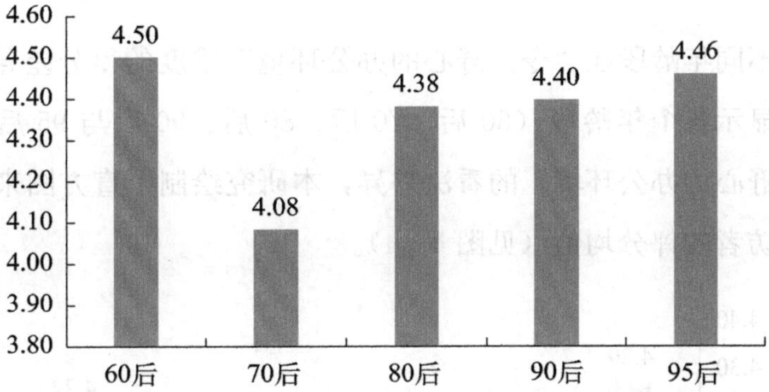

图 4-2　不同年龄段对“薪酬与福利保障等物质回报”的看法差异

由图 4-2 可知，70 后是最不看重“薪酬与福利保障等物质回报”的群体，而 60 后是最看重“薪酬与福利保障等物质回报”的群体。80 后、90 后与 95 后对“薪酬与福利保障等物质回报”的看重程度较为接近。

（3）不同年龄段在“工作中具有良好的人际关系”维度的得分差异。为了更加直观地显示各个年龄段（60 后、70 后、80 后、90 后与 95 后）

的样本对“工作中具有良好的人际关系”的看法差异，本研究绘制了直方图来对比不同年龄段受访者的评分均值（见图 4－3）。

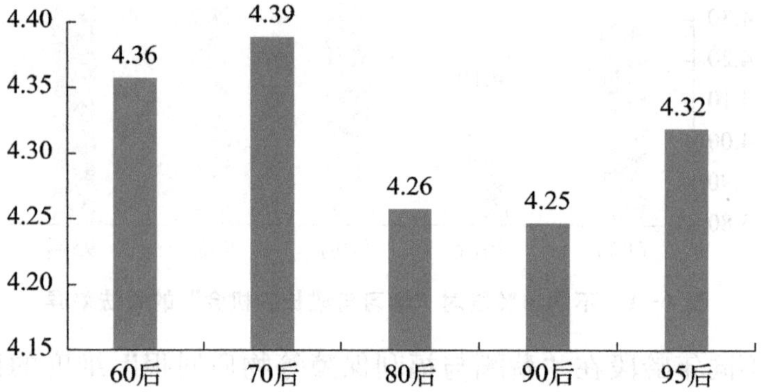

图 4－3　不同年龄段对“工作中具有良好的人际关系”的看法差异

由图 4－3 可知，90 后和 80 后是最不看重“工作中具有良好的人际关系”的群体，而 70 后是最看重“工作中具有良好的人际关系”的群体。

（4）不同年龄段在“令人舒心的办公环境”维度的得分差异。为了更加直观地显示各个年龄段（60 后、70 后、80 后、90 后与 95 后）的样本对“令人舒心的办公环境”的看法差异，本研究绘制了直方图来对比不同年龄段受访者的评分均值（见图 4－4）。

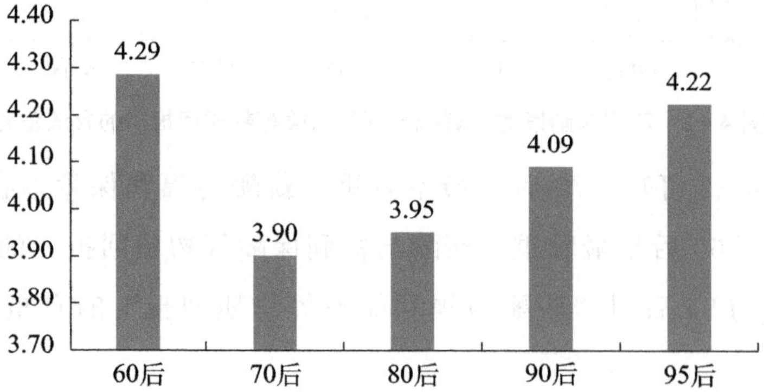

图 4－4　不同年龄段对“令人舒心的办公环境”的看法差异

由图 4 - 4 可知，70 后最不看重“令人舒心的办公环境”的群体，而 60 后是最看重“令人舒心的办公环境”的群体。

（5）不同年龄段在“退休后的生活有保障”维度的得分差异。为了更加直观地显示各个年龄段（60 后、70 后、80 后、90 后与 95 后）的样本对“退休后的生活有保障”的看法差异，本研究绘制了直方图来对比不同年龄段受访者的评分均值（见图 4 - 5）。

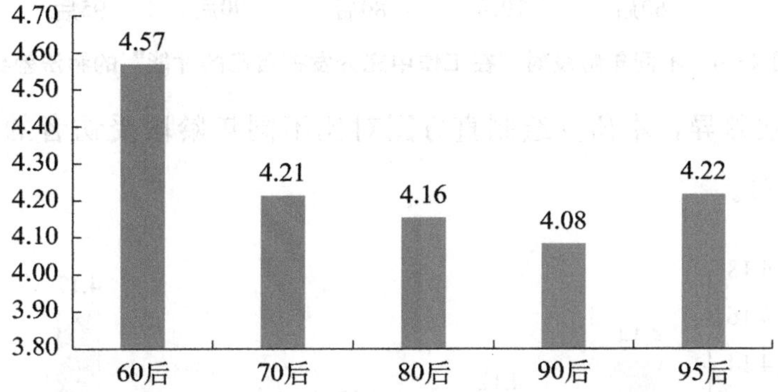

图 4 - 5　不同年龄段对“退休后的生活有保障”的看法差异

由图 4 - 5 可知，90 后是最不看重“退休后的生活有保障”的群体，而 60 后是最看重“退休后的生活有保障”的群体。

（6）不同年龄段在“在工作中充分发挥自己的才能”维度的得分差异。为了更加直观地显示各个年龄段（60 后、70 后、80 后、90 后与 95 后）的样本对“在工作中充分发挥自己的才能”的看法差异，本研究绘制了直方图来对比不同年龄段受访者的评分均值（见图 4 - 6）。

由图 4 - 6 可知，90 后是最不看重“在工作中充分发挥自己的才能”的群体，而 60 后是最看重“在工作中充分发挥自己的才能”的群体。

（7）不同年龄段在“在工作中能自由、独立地安排工作内容与时间”维度的得分差异。为了更加直观地显示各个年龄段（60 后、70 后、80 后、90 后与 95 后）的样本对“在工作中能自由、独立地安排工作内容与时

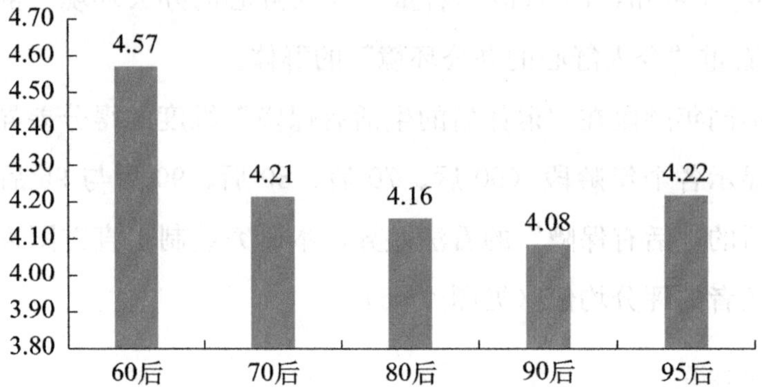

图 4-6　不同年龄段对“在工作中充分发挥自己的才能”的看法差异

间”的看法差异，本研究绘制直方图对比不同年龄段受访者的评分均值（见图 4-7）。

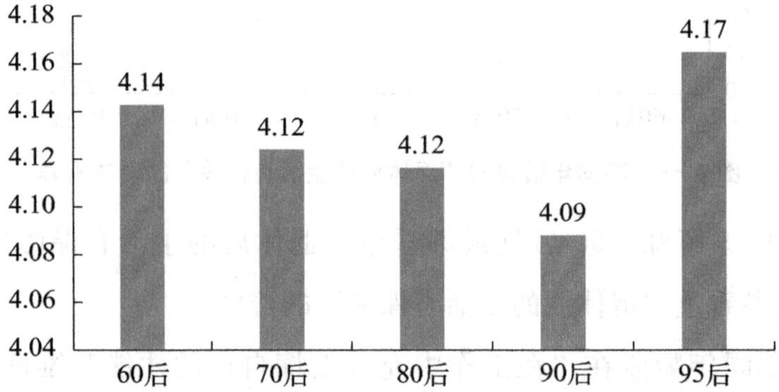

图 4-7　不同年龄段对“在工作中能自由、独立地安排工作内容与时间”的看法差异

由图 4-7 可知，90 后是最不看重“在工作中能自由、独立地安排工作内容与时间”的群体，而 95 后是最看重“在工作中能自由、独立地安排工作内容与时间”的群体。

（8）不同年龄段在“工作稳定、安全，无职业风险”维度的得分差异。为了更加直观地显示各个年龄段（60 后、70 后、80 后、90 后与 95 后）的样本对“工作稳定、安全，无职业风险”的看法差异，本研究绘制了直方图来对比不同年龄段受访者的评分均值（见图 4-8）。

由图 4-8 可知，80 后是最不看重“工作稳定、安全，无职业风险”

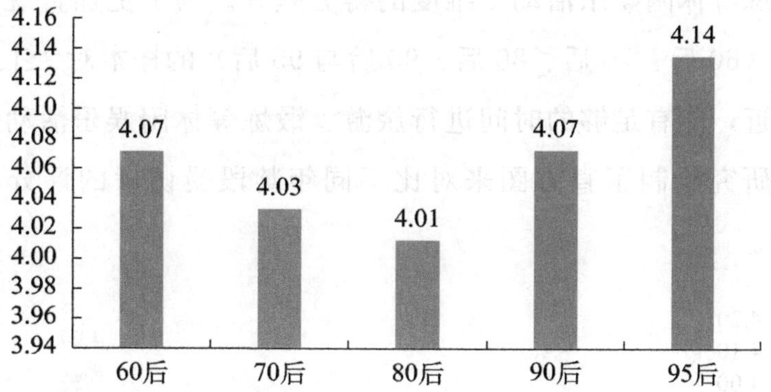

图 4-8　不同年龄段对“工作稳定、安全，无职业风险”的看法差异

的群体，而 95 后是最看重“工作稳定、安全，无职业风险”的群体。

（9）不同年龄段在“直属领导能力强、魅力大，让人愿意追随”维度的得分差异。为了更加直观地显示各个年龄段（60 后、70 后、80 后、90 后与 95 后）的样本对“直属领导能力强、魅力大，让人愿意追随”的看法差异，本研究绘制了直方图来对比不同年龄段受访者的评分均值（见图 4-9）。

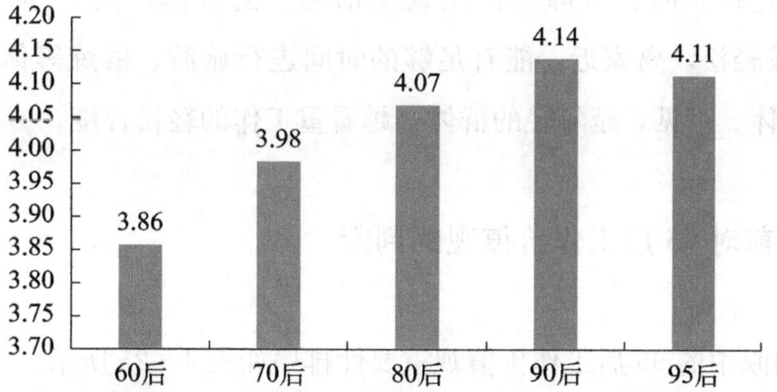

图 4-9　不同年龄段对“直属领导能力强、魅力大，让人愿意追随”的看法差异

由图 4-9 可知，60 后是最不看重“直属领导能力强、魅力大，让人愿意追随”的群体，而 90 后是最看重“直属领导能力强、魅力大，让人愿意追随”的群体。

（10）不同年龄段在“工作比较轻松，离家近，能有足够的时间进行旅游、锻炼等休闲娱乐活动”维度的得分差异。为了更加直观地显示各个年龄段（60后、70后、80后、90后与95后）的样本对“工作比较轻松，离家近，能有足够的时间进行旅游、锻炼等休闲娱乐活动”的看法差异，本研究绘制了直方图来对比不同年龄段受访者的评分均值（见图4-10）。

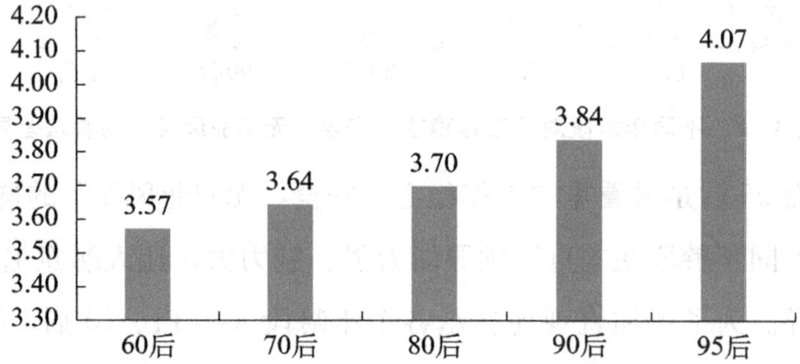

图4-10　不同年龄段对“工作比较轻松，离家近，能有足够的时间进行旅游、锻炼等休闲娱乐活动”的看法差异

由图4-10可知，60后是最不看重“工作比较轻松，离家近，能有足够的时间进行旅游、锻炼等休闲娱乐活动”的群体，而95后是最看重“工作比较轻松，离家近，能有足够的时间进行旅游、锻炼等休闲娱乐活动”的群体。可见，越年轻的群体，越看重工作的轻松程度。

（三）95前对95后工作价值观的判断

95前眼中的95后工作价值观重要性排序如表4-25所示。

表4-25　95前眼中的95后工作价值观重要性排序

工作价值观	平均分
令人舒心的办公环境	4.30
在工作中能自由、独立地安排工作内容与时间	4.26

续表

工作价值观	平均分
工作比较轻松，离家近，能有足够的时间进行旅游、锻炼等休闲娱乐活动	4.22
工作本身有趣味性/挑战性/创造性	4.19
薪酬与福利保障等物质回报	4.06
学习与成长的机会	4.05
在工作中能充分发挥自己的才能	4.04
同事很棒，比如素质高、颜值高等	3.99
直属领导能力强、魅力大，让人愿意追随	3.97
工作中具有良好的人际关系	3.90
单位的名气大，为以后跳槽提供良好的背书	3.76
晋升速度快	3.71
在组织当中获得更高的地位，受人尊重	3.70
工作稳定、安全，无职业风险	3.55
在工作中能获得较多的社会资源	3.52
工作比较体面，让父母和周围的亲戚朋友看重我	3.49
工作中承担更大的责任，能做更大的事情	3.49
工作能够为社会带来价值，有重要的社会意义	3.43
拥有较大的权力	3.24
退休后的生活有保障	3.22

由表 4－25 可以看出，“令人舒心的办公环境”“在工作中能自由、独立地安排工作内容与时间”“工作比较轻松，离家近，能有足够的时间进行旅游、锻炼等休闲娱乐活动”为 95 前眼中 95 后最看重的 3 项工作价值观，平均分分别为 4.30、4.26、4.22。

而“工作能够为社会带来价值，有重要的社会意义”“拥有较大的权力”“退休后的生活有保障”为 95 前眼中 95 后不太看重的 3 项工作价值观，平均分分别为 3.43、3.24、3.22。

（四）95 后认为的 95 前眼中的 95 后工作价值观

95 后认为的 95 前眼中的 95 后工作价值观重要性排序如表 4-26 所示。

表 4-26　95 后认为的 95 前眼中的 95 后工作价值观重要性排序

工作价值观	平均分
学习与成长的机会	4.55
薪酬与福利保障等物质回报	4.44
工作中具有良好的人际关系	4.11
在工作中能充分发挥自己的才能	4.06
令人舒心的办公环境	4.06
直属领导能力强、魅力大，让人愿意追随	4.01
工作稳定、安全，无职业风险	4.00
在工作中能自由、独立地安排工作内容与时间	3.97
退休后的生活有保障	3.95
工作比较轻松，离家近，能有足够的时间进行旅游、锻炼等休闲娱乐活动	3.92
在工作中能获得较多的社会资源	3.92
工作本身有趣味性/挑战性/创造性	3.92
同事很棒，比如素质高、颜值高等	3.91
工作中承担更大的责任，能做更大的事情	3.91
晋升速度快	3.89
工作能够为社会带来价值，有重要的社会意义	3.86
在组织当中获得更高的地位，受人尊重	3.85
单位的名气大，为以后跳槽提供良好的背书	3.87
工作比较体面，让父母和周围的亲戚朋友看重我	3.77
拥有较大的权力	3.54

由表 4-26 可以看出，“学习与成长的机会”“薪酬与福利保障等物质回报”“工作中具有良好的人际关系”为 95 后认为的他们领导或同

事眼中95后最看重的3项工作价值观，平均分分别为4.55、4.44、4.11。

而“单位的名气大，为以后跳槽提供良好的背书”“工作比较体面，让父母和周围的亲戚朋友看重我”“拥有较大的权力”为95后认为的他们领导或同事眼中95后不太看重的3项工作价值观，平均分分别为3.87、3.77、3.54。

二、工作价值观的对比分析

本章前半部分的讨论与结论均来自对受测人员答案的直接分析，在接下来的部分，我们将对不同年龄段受测人员的填答情况进行不同角度的对比，以了解不同代际对新生代员工工作价值观的看法异同，从中捕捉有意义的信息，帮助我们更加深入地理解并运用相关知识。

（一）95后眼中95前对95后工作价值观的看法分析

首先从95后自身出发。在本次调查中，我们要求95后根据自己的真实情况，对20项工作价值观的重要性进行选择，并换算每项的得分；随后要求95后想象95前是如何看待95后工作价值观的，据此对20项工作价值观的重要性进行选择，并换算得分。通过上述两类得分与排序，我们可以对比探讨95后对自身工作价值观的评价与其心目中95前对95后工作价值观的评价。通过这一对比，我们能够探查在95后眼中95前对95后工作价值观的看法存在哪些偏差，具体结果如表4-27所示。

表 4-27 95后眼中95前对95后工作价值观的看法分析

工作价值观	95后自评分（排序）	95后眼中95前评分（排序）
学习与成长的机会	4.53（1）	4.55（1）
薪酬与福利保障等物质回报	4.46（2）	4.44（2）
工作中具有良好的人际关系	4.32（3）	4.11（3）↓
令人舒心的办公环境	4.22（4）	4.06（5）
退休后的生活有保障	4.22（5）	3.95（9）↓
在工作中能充分发挥自己的才能	4.20（6）	4.06（4）
在工作中能自由、独立地安排工作内容与时间	4.17（7）	3.97（8）↓
工作稳定、安全，无职业风险	4.14（8）	4.00（7）
直属领导能力强、魅力大，让人愿意追随	4.11（9）	4.01（6）
工作比较轻松，离家近，能有足够的时间进行旅游、锻炼等休闲娱乐活动	4.07（10）	3.92（10）↓
工作本身有趣味性/挑战性/创造性	4.01（11）	3.92（12）
工作能够为社会带来价值，有重要的社会意义	3.98（12）	3.92（16）
在工作中能获得较多的社会资源	3.93（13）	3.86（11）
同事很棒，比如素质高、颜值高等	3.91（14）	3.91（13）
工作中承担更大的责任，能做更大的事情	3.88（15）	3.91（14）
在组织当中获得更高的地位，受人尊重	3.87（16）	3.85（17）
晋升速度快	3.73（17）	3.89（15）↑
单位的名气大，为以后跳槽提供良好的背书	3.60（18）	3.87（18）↑
工作比较体面，让父母和周围的亲戚朋友看重我	3.54（19）	3.77（19）↑
拥有较大的权力	3.18（20）	3.54（20）↑

根据整理后的数据不难发现，95后眼中，95前对95后工作价值观的看法的确是存在偏差的，具体可以从三个部分展开：（1）95后认为自身被95前低估了的工作价值观；（2）95后认为自身被95前高估了的工作价值观；（3）95后眼中95前对95后工作价值观最“离谱”的认知。

1. 95后认为自身被95前低估了的工作价值观

从两次数据的对比中可以发现，当95后从95前对自己这一群体的认知出发去评价95后工作价值观时，“工作中具有良好的人际关系”“退休后的生活有保障”“在工作中能自由、独立地安排工作内容与时间”“工作比较轻松，离家近，能有足够的时间进行旅游、锻炼等休闲娱乐活动”的得分出现了较为明显的降低。这意味着，在95后眼中，95前对95后在人际关系、退休后的生活、工作自主性与轻松性方面的看重程度存在低估的情况。

2. 95后认为自身被95前高估了的工作价值观

从两次数据的对比中也可以发现，当95后从95前对自己这一群体的认知出发去评价95后工作价值观时，“晋升速度快”“单位的名气大，为以后跳槽提供良好的背书”“工作比较体面，让父母和周围的亲戚朋友看重我”“拥有较大权力”的得分有明显的提高。也就是说，95后认为95前高估了自己对晋升速度、单位名气、工作体面性与权力的看重程度。

3. 95后眼中95前对95后工作价值观最“离谱”的认知

(1) 95后认为95前低估了95后对退休后生活的看重程度。95后作为新踏入职场的员工，职业生涯才刚刚开始，距离其退出职场、进入退休实际上还有相当长的时间，但是95后对“退休后的生活有保障”这一选项表达了十足的看重，在20项工作价值观中排在第5位，均分为4.22。而当95后从95前的视角来考虑自己这一群体时，对退休后生活的看重程度则降至了3.95分，排在第9位。这意味着，95后认为，95前严重低估了95后对退休后生活的看重程度，误以为95后对退休后的生活没有那么看重。然而实际上，退休后的生活是95后的一个重要考虑维度。

(2) 95后认为95前高估了95后对单位名气和权力的看重程度。95后在评价自身工作价值观时，对“单位的名气大，为以后跳槽提供良好的背书”“拥有较大的权力”给出了比较低迷的评价，分别在20项工作价值观中排在第18位与第20位。而当95后从95前的视角来考虑自己这一群体时，虽然两项工作价值观仍排名“垫底”，得分却都有了比较明显的提高。这意味着，95后认为，95前对单位名气与权力相对重要性的判断是准确的，但是对绝对重要性的判断出现了比较大的偏差，分别存在0.27与0.36的分差。也就是说，在95后眼中，自己实际上没有如95前想象的那样看重单位名气与权力。

（二）实际上95后的工作价值观与95前眼中95后的工作价值观

在研究过程中，95后与95前分别对95后的工作价值观进行了评价。95后被要求根据自己的实际情况对所给的20项工作价值观的重要性进行评价，而95前则被要求根据自己的认知对95后的工作价值观进行推测。在本部分，我们将对这两组结果进行比较，分析实际上的95后与95前眼中的95后在工作价值观方面的异同。

由于得分来自两个群体，因此绝对得分的可比性较低，本部分将着重比较两个群体对95后工作价值观的排序，整理后的评分与排序结果如表4-28所示。

表4-28 实际上95后的工作价值观与95前眼中95后的工作价值观的差异分析

工作价值观	95后评分（排序）	95前评分（排序）	位次差
学习与成长的机会	4.53（1）	4.05（6）	−5
薪酬与福利保障等物质回报	4.46（2）	4.06（5）	−3
工作中具有良好的人际关系	4.32（3）	3.90（10）	−7
令人舒心的办公环境	4.22（4）	4.30（1）	+3
退休后的生活有保障	4.22（5）	3.22（20）	−15

续表

工作价值观	95后评分（排序）	95前评分（排序）	位次差
在工作中能充分发挥自己的才能	4.20（6）	4.04（7）	−1
在工作中能自由、独立地安排工作内容与时间	4.17（7）	4.26（2）	+5
工作稳定、安全，无职业风险	4.14（8）	3.55（14）	−6
直属领导能力强、魅力大，让人愿意追随	4.11（9）	3.97（9）	0
工作比较轻松，离家近，能有足够的时间进行旅游、锻炼等休闲娱乐活动	4.07（10）	4.22（3）	+7
工作本身有趣味性/挑战性/创造性	4.01（11）	4.19（4）	+7
工作能够为社会带来价值，有重要的社会意义	3.98（12）	3.43（18）	−6
在工作中能获得较多的社会资源	3.93（13）	3.52（15）	−2
同事很棒，比如素质高、颜值高等	3.91（14）	3.99（8）	+6
工作中承担更大的责任，能做更大的事情	3.88（15）	3.49（17）	−2
在组织当中获得更高的地位，受人尊重	3.87（16）	3.70（13）	+3
晋升速度快	3.73（17）	3.71（12）	+5
单位的名气大，为以后跳槽提供良好的背书	3.60（18）	3.76（11）	+7
工作比较体面，让父母和周围的亲戚朋友看重我	3.54（19）	3.49（16）	+3
拥有较大的权力	3.18（20）	3.24（19）	+1

注：表中的“+”代表95前的高估，“−”代表95前的低估。

根据整理后的数据不难发现，95前眼中的95后与实际上的95后相去甚远。95前对95后工作价值观的推测出现了比较严重的偏差，对95后最看重的工作价值观与最不看重的工作价值观基本都预测得不准，此外，对部分工作价值观出现了严重的高估与低估。具体分析如下：

（1）95前对95后最看重的工作价值观的预测偏差。在95前对95后工作价值观的排序中，“令人舒心的办公环境”“在工作中能自由、独立地安排工作内容与时间”“工作比较轻松，离家近，能有足够的时间进行旅游、锻炼等休闲娱乐活动”分别位居前三位。不难看出，在95前眼中，95后是更渴望自由与舒适的，舒心的办公环境甚至成为95前眼中95后最看重的工作条件，工作中的自主性与轻松性也被列在重要位置。而对于95后而言，他们最看重的是“学习与成长的机会”“薪酬与福利保障等物质回报”“工作中具有良好的人际关系”，也即 95 后更看重成长与回报，并希望能够建立良好的人际关系，而工作的舒适与轻松远非 95 后最高的追求。

从以上排序可以看出，95 前对 95 后对工作条件的追求理解有偏差。可能还存在一定数量的 95 前戴着有色眼镜看待 95 后，认为 95 后是追求安逸与个性的一代，相比成长的机会，他们更看重舒适、轻松与工作自主性。然而实际上 95 后更注重自身的成长与发展，也十分现实，更加看重工作带来的回报以及希望能减少工作中的人际关系烦恼。

（2）95 前对 95 后最不看重的工作价值观的预测偏差。在 95 前对 95 后工作价值观的排序中，“退休后的生活有保障”“拥有较大的权力”“工作能够为社会带来价值，有重要的社会意义”“工作中承担更大的责任，能做更大的事情”是相对最不看重的工作价值观。从这一排序结果中可以看出，95 前认为，对 95 后而言权力、责任、工作的外部价值是其相对而言不太看重的内容。而实际上，95 后真正不看重的是“晋升速度快”“单位的名气大，为以后跳槽提供良好的背书”“工作比较体面，让父母和周围的亲戚朋友看重我”“拥有较大的权力”。通过对比可以发现，95 前除了对权力的预测比较准确，其他方面与 95 后的实际情况存在较大差异。

从 95 前的选择与排序可以看出，在 95 前眼中，95 后并不是一个勇于承担责任的群体，他们在争取权力、承担责任方面不积极，对工作的社会价值的关注度也较低。这种排序能够看出 95 前对于 95 后的评价还是不够积极；而对 95 后而言，工作的外部价值与责任承担是其愿意关注的方面。

（3）95 前对 95 后工作价值观最“离谱”的预测。在 95 前对 95 后工作价值观的排序中，有几条被严重低估或高估：

一是 95 前严重低估了 95 后对“退休后的生活有保障”的热忱。在 95 前的排序中，“退休后的生活有保障”排在最后，是 95 前认为 95 后最不看重的内容。然而在 95 后的自评中，“退休后的生活有保障”被排在了第五位，在20项工作价值观中十分靠前。这是95前的预测中偏差最巨大的一项。导致这一偏差的原因可能是，在95前眼中，95后是刚进入职场的一代，其职业生涯刚刚开始，而退休则代表着职业生涯的结束。在整个职业生涯中，可能有多个因素影响最终的退休，相比其他选项，退休显得更为遥远，因而95前对于这一选项并不关注。而实际上对于95后来说，可能存在的问题是，这一代对其父母退休后的生活有比较直观的感受，不同单位的待遇差别与下岗等使95后的父母在退休待遇上千差万别。反映在95后身上，就是他们开始过早关心退休后的待遇与生活，所以导致95前与95后在这一观点上的巨大差异。

二是95前高估了95后对工作轻松、趣味性与单位名气的追求。在95前的排序中，“工作比较轻松，离家近，能有足够的时间进行旅游、锻炼等休闲娱乐活动”“工作本身有趣味性/挑战性/创造性”“单位的名气大，为以后跳槽提供良好的背书”3项都比95后的实际排序高出了7位。也就是在95前眼中，95后愿意追求工作的轻松与趣味，并且对单位名气也比较看重，然而95后对上述工作条件的追求实际并不如95前想象得那么热衷。从95前对95后最看重与最不看重的工作价值观的预测偏差就可以看出，95前实际上仍然对95后抱有一些刻板印象，认为这一群体在工作中追求轻松、舒适，更关心工作对自己的加成而不愿意在工作中承担责任、发挥社会价值；但95后实际已经撕下了这些标签，他们注重自身的成长与发展，相比单位名气这些务虚的东西更加关注回报、人际关系等与自身联系更为直接的方面。

因而95前应当适当调整自身对95后的看法，正视95后的发展与改变。

(三) 95后眼中95前对95后工作价值观的看法与95前实际的看法

在上一部分，我们对95后的实际情况与95前眼中的95后进行了对比。在这一部分，我们将对95后的想法与实际情况进行对比。具体而言，本部分将对比95后眼中95前对95后工作价值观的看法与95前实际对95后工作价值观的看法，以此来了解与探讨95后对其他年龄段对95后工作价值观看法的把握是否准确。

由于得分来自两个群体，因此绝对得分的可比性较低，本部分将着重比较两次工作价值观的排序，整理后的评分与排序结果如表4-29所示。

表4-29　95后眼中95前对95后工作价值观的看法与95前实际看法的差异分析

工作价值观	95前评分（排序）	95后评分（排序）	位次差
令人舒心的办公环境	4.30（1）	4.06（5）	－4
在工作中能自由、独立地安排工作内容与时间	4.26（2）	3.97（8）	－6
工作比较轻松，离家近，能有足够的时间进行旅游、锻炼等休闲娱乐活动	4.22（3）	3.92（11）	－8
工作本身有趣味性/挑战性/创造性	4.19（4）	3.92（12）	－8
薪酬与福利保障等物质回报	4.06（5）	4.44（2）	＋3
学习与成长的机会	4.05（6）	4.55（1）	＋5
在工作中能充分发挥自己的才能	4.04（7）	4.06（4）	＋3
同事很棒，比如素质高、颜值高等	3.99（8）	3.91（13）	－5
直属领导能力强、魅力大，让人愿意追随	3.97（9）	4.01（6）	＋3
工作中具有良好的人际关系	3.90（10）	4.11（3）	＋7
单位的名气大，为以后跳槽提供良好的背书	3.76（11）	3.87（18）	－7
晋升速度快	3.71（12）	3.89（15）	＋3
在组织当中获得更高的地位，受人尊重	3.70（13）	3.85（17）	－4
工作稳定、安全，无职业风险	3.55（14）	4.00（7）	＋7
在工作中能获得较多的社会资源	3.52（15）	3.92（10）	＋5
工作比较体面，让父母和周围亲戚朋友看重我	3.49（16）	3.77（19）	－3
工作中承担更大的责任，能做更大的事情	3.49（17）	3.91（14）	＋3
工作能够为社会带来价值，有重要的社会意义	3.43（18）	3.86（16）	＋2
拥有较大的权力	3.24（19）	3.54（20）	－1
退休后的生活有保障	3.22（20）	3.95（9）	＋11

注：表中的“＋”代表95后的高估，“－”代表95后的低估。

根据整理后的数据不难发现，95 后眼中 95 前对 95 后工作价值观的看法与 95 前实际的看法是有较大偏差的，具体体现在：95 后对 95 前眼中 95 后最看重的工作价值观的猜测偏差巨大，其他工作价值观也存在比较明显的高估与低估。具体分析如下：

(1) 95 后对 95 前眼中 95 后最看重的工作价值观的猜测与 95 前的实际看法偏差巨大。在 95 前对 95 后工作价值观的实际排序中，“令人舒心的办公环境”“在工作中能自由、独立地安排工作内容与时间”“工作比较轻松，离家近，能有足够的时间进行旅游、锻炼等休闲娱乐活动”“工作本身有趣味性/挑战性/创造性”位居前四位。然而在 95 后对 95 前的看法进行猜测时，这几项分别被排在了 5、8、11、12 的位置。在最看重的工作价值观方面，95 后的预测与 95 前的真实想法相去甚远。根据 95 前的评价，95 后这一群体更向往工作中的舒适，他们渴望舒心的工作环境，独立、轻松且有趣的工作内容；但在 95 后的猜测中，自己在 95 前眼中并不会把追求舒适与趣味放在第一位，而是对在工作中的成长与发展最为关注，其次是对薪酬与人际关系这些比较实际的工作因素感兴趣。在这方面，95 后对自己在 95 前眼中形象的预测偏差巨大。通俗而言，95 后认为自己在 95 前眼中更加上进，而实际上 95 前仍然将 95 后看作一个更追求舒适与个性的群体。

(2) 95 后对自己在 95 前眼中的工作价值观最“离谱”的猜测。95 后不仅对自己在 95 前眼中最看重的工作价值观的预测产生偏差，在其他工作价值观中也存在排序被严重低估或高估的情况。

一是 95 后低估了的自己在 95 前眼中的工作价值观。除去上一部分描述的对工作的轻松性与趣味性的渴望的低估，“单位的名气大，为以后跳槽提供良好的背书”“同事很棒，比如素质高、颜值高等”两项在 95 前眼中 95 后的在乎程度，也被 95 后较为严重地低估了。也就是说，在 95 前眼中，95 后对单位名气、同事的素质及颜值等是较为关注的，而 95 后没有预料到这一点。结合上一部分不难看出，95 前对 95 后的认知，事实上还是更偏向于 95 后在工作中追求轻松愉悦，偏好舒适与自主，对单位名气、同事的素质及颜值也较为看重；而在 95 后的认知中，自己在 95 前眼中并不过于看重上述因素。

二是 95 后高估了的自己在 95 前眼中的工作价值观。在 95 后的预测偏差中，还有一部分工作价值观的重要性被高估了，具体如“学习与成长的机会”“工作中具有良好的人际关系”“工作稳定、安全，无职业风险”“退休后的生活有保障”这四项。从对学习与成长的机会和人际关系的高估来看，95 后认为自己在 95 前眼中是追求上进、在意职场人际关系的群体。但事实是，在 95 前眼中，这两项对 95 后的重要性并没有达到 95 后预测的那么高。此外，对稳定安全的工作与有保障的退休后生活的重视程度也被 95 后严重高估了，尤其是对退休后生活的关注，超过了 95 前对 95 后工作价值观排序的 11 个位次。95 后认为，自己在 95 前眼中是一个追求稳定的群体，甚至相对遥远的退休后生活都已经被纳入考虑范围；而事实是，在 95 前眼中，稳定对 95 后的重要性并没有 95 后想象的那么高。

通过上述分析不难发现，95 后认为的自己在 95 前眼中的形象与 95 后在 95 前眼中的真实形象相去甚远，在很多项上都出现了严重的高估或低估。总结而言，可以说 95 后在对 95 前在工作价值观方面如何看待自己这一问题的理解上偏差是很大的，他们并不太了解自己在工作价值观方面在 95 前眼中的形象。

（四）代际差异之一：95 后与 95 前的工作价值观差异

在前三部分的对比中，我们主要围绕 95 后的工作价值观而展开；在接下来的分析中，我们将 95 前的工作价值观一同纳入考虑，进行代际比较。首先，我们从 95 后自评的工作价值观与 95 前自评的工作价值观的比较开始，探讨这两个群体的工作价值观有哪些异同；其次，我们将关注95后与75—85年龄段（指1975—1985年生人）工作价值观的异同。

1. 95后与95前的工作价值观异同

我们首先分析95前作为一个整体与95后的工作价值观的一致和差异，具体结果如表4-30所示。

表4-30　95后与95前的工作价值观差异分析

	95后的工作价值观	95前的工作价值观
1	学习与成长的机会（4.53）	学习与成长的机会（4.45）
2	薪酬与福利保障等物质回报（4.46）	薪酬与福利保障等物质回报（4.36）
3	工作中具有良好的人际关系（4.32）	工作中具有良好的人际关系（4.27）
4	令人舒心的办公环境（4.22）	在工作中充分发挥自己的才能（4.25）
5	退休后的生活有保障（4.22）	退休后的生活有保障（4.14）
6	在工作中充分发挥自己的才能（4.20）	在工作中能自由、独立地安排工作内容与时间（4.11）
7	在工作中能自由、独立地安排工作内容与时间（4.17）	直属领导能力强、魅力大，让人愿意追随（4.08）
8	工作稳定、安全，无职业风险（4.14）	工作稳定、安全，无职业风险（4.04）
9	直属领导能力强、魅力大，让人愿意追随（4.11）	在组织当中获得更高的地位，受人尊重（4.03）
10	工作比较轻松，离家近，有足够的时间进行旅游锻炼等休闲娱乐活动（4.07）	令人舒心的办公环境（4.00）
11	工作本身有趣味性/挑战性/创造性（4.01）	工作本身有趣味性/挑战性/创造性（3.99）
12	工作能够为社会带来价值，有重要的社会意义（3.98）	工作能够为社会带来价值，有重要的社会意义（3.96）
13	在工作中能获得较多的社会资源（3.93）	工作中承担更大的责任，能做更大的事情（3.92）
14	同事很棒，比如素质高、颜值高等（3.91）	在工作中能获得较多的社会资源（3.84）
15	工作中承担更大的责任，能做更大的事情（3.88）	工作比较轻松，离家近，有足够的时间进行旅游、锻炼等休闲娱乐活动（3.75）

续表

	95 后的工作价值观	95 前的工作价值观
16	在组织当中获得更高的地位，受人尊重（3.87）	同事很棒，比如素质高、颜值高等（3.71）
17	晋升速度快（3.73）	晋升速度快（3.55）
18	单位的名气大，为以后跳槽提供良好的背书（3.60）	单位的名气大，为以后跳槽提供良好的背书（3.54）
19	工作比较体面，让父母和周围的亲戚朋友看重我（3.54）	工作比较体面，让父母和周围的亲戚朋友看重我（3.44）
20	拥有较大的权力（3.18）	拥有较大的权力（3.22）

根据整理后的数据不难发现，95 前与 95 后在工作价值观方面的差异实际上并不是十分显著，两个群体最看重的 3 项与相对最不看重的 4 项完全相同，说明两个群体在工作价值观上存在一定程度的一致性。但对某些工作价值观的评价，这两个群体评价差异较大。

（1）95 前与 95 后的工作价值观具有一定的一致性。从数据对比结果中可以看出，95 前与 95 后最为关注的工作价值观中有 3 项是相同的，分别为“学习与成长的机会”“薪酬与福利保障等物质回报”“工作中具有良好的人际关系”，这说明对工作中的学习成长、薪酬福利与人际关系的关注并没有随着年龄的增长而发生大的变化，不同年龄段都很关注。此外，95 前与 95 后对 4 项工作价值观的评分都较低，分别为“晋升速度快”“单位的名气大，为以后跳槽提供良好的背书”“工作比较体面，让父母和周围的亲戚朋友看重我”“拥有较大的权力”，从这一结果可以看出，晋升速度、单位名气、工作体面性与权力是各个年龄段都不热切追求的因素。这两方面的一致性从侧面反映了 95 前与 95 后的工作价值观似乎差异不大。

（2）95 前与 95 后对某些工作价值观的偏好出现较显著的差异。虽然 95 前与 95 后在工作价值观的重要性排序上差异不大，但对于其中几项两个群体表现出比较显著的差异，如“令人舒心的办公环境”“工作比较轻松，离家近，有足够的时间进行旅游、锻炼等休闲娱乐活动”“在组织当中获得更高的地位，受人尊重”。

首先，“令人舒心的办公环境”是 95 后比较关注的维度（重要性得分为 4.22，排在第 4 位）；而对于 95 前来说，这一维度的重要性得分为 4.00，仅排在第 10 位。这意味着，良好的工作环境对 95 后具有较高的吸引力，而 95 前并不将它看得同等重要。可以看出，95 后在办公条件上相比 95 前更渴望舒适，更乐于“享受”。

其次，对“工作比较轻松，离家近，有足够的时间进行旅游、锻炼等休闲娱乐活动”这一维度，95 后对其重要性评分为 4.07，排在第 10 位，而 95 前对其重要性评分为 3.75，排在第 15 位。可以看出，对于工作轻松、有更多时间休闲，两个群体都没有过分看重，但 95 后明显比 95 前对这一维度更加青睐，这意味着与 95 前相比，95 后对休闲与轻松的需求更大。

最后，在“在组织当中获得更高地位，受人尊重”这一维度，两个群体也出现了比较显著的差异。对 95 后而言，高地位与受尊重并不是他们十分看重的因素，其重要性评分为 3.87，排在第 16 位。而对 95 前而言，该项的重要性得分为 4.03，排在第 9 位。这说明，年长的群体更加在乎自己在组织中的地位，渴望受人尊重；而 95 后则对此不太看重。

总体而言，在本研究中，95 前与 95 后的工作价值观表现出了较高的一致性，这与我们的预期甚至常规的认知存在一些偏差。其中的一个原因可能是研究样本中 95 前包含较大数量的 1990—1995 年之间出生的群体。由于年龄与时代相近，他们的工作价值观可能与 95 后具有较高的相似性，从而使 95 前整体与 95 后的相似性在一定程度上被高估。因而在代际工作价值观问题的探索上，接下来本研究将选择 95 前中的一个代表群体与 95 后进行对比。当前，1975—1985 年出生的群体（75—85 年龄段）在职场中已经耕耘了较长一段时间，虽然没有 70 前等年龄更大的群体工作经验丰富，但由于其正处于壮年，因而是组织较为倚重的中坚力量，在组织中也更具话语权。探讨75—85年龄段与95后的工作价值观差异更具有现实意义，且能够排除85—95年龄段（1985—1995年出生的群体）与95后相似性的影响，因而接下来的探讨将围绕75—85年龄段与95后展开。

2. 95后与75—85年龄段工作价值观的异同

接下来将细化95前这一群体，探讨75—85年龄段与95后工作价值观的异同，具体结果如表4-31所示。

表4-31　95后与75—85年龄段的工作价值观差异分析

工作价值观	95后评分（排序）	75—85年龄段评分（排序）	位次差
学习与成长的机会	4.53（1）	4.37（1）	0
薪酬与福利保障等物质回报	4.46（2）	4.32（2）	0
工作中具有良好的人际关系	4.32（3）	4.29（3）	0
令人舒心的办公环境	4.22（4）	3.90（13）	+9
退休后的生活有保障	4.22（5）	4.15（5）	0
在工作中能充分发挥自己的才能	4.20（6）	4.28（4）	−2
在工作中能自由、独立地安排工作内容与时间	4.17（7）	4.09（7）	0
工作稳定、安全，无职业风险	4.14（8）	4.01（9）	+1
直属领导能力强、魅力大，让人愿意追随	4.11（9）	4.05（8）	−1
工作比较轻松，离家近，能有足够的时间进行旅游、锻炼等休闲娱乐活动	4.07（10）	3.66（15）	+5
工作本身有趣味性/挑战性/创造性	4.01（11）	4.01（10）	−1
工作能够为社会带来价值，有重要的社会意义	3.98（12）	3.99（11）	−1
在工作中能获得较多的社会资源	3.93（13）	3.86（14）	+1
同事很棒，比如素质高、颜值高等	3.91（14）	3.63（16）	+2
工作中承担更大的责任，能做更大的事情	3.88（15）	3.94（12）	−3
在组织当中获得更高的地位，受人尊重	3.87（16）	4.10（6）	−10
晋升速度快	3.73（17）	3.52（17）	0
单位的名气大，为以后跳槽提供良好的背书	3.60（18）	3.46（19）	+1

续表

工作价值观	95后评分（排序）	75—85年龄段评分（排序）	位次差
工作比较体面，让父母和周围的亲戚朋友看重我	3.54（19）	3.46（18）	−1
拥有较大的权力	3.18（20）	3.32（20）	0

注：表中“+”代表95后相对更看重，“−”表示95后相对更不看重。

通过数据对比可以发现，95后与75—85年龄段在工作价值观方面存在一定的一致性，在两个群体中70%的工作价值观排序基本一致，但仍然有几项的排序在两个群体之间差异显著，具体分析如下：

（1）95后与75—85年龄段的工作价值观有一定的一致性。因为对工作价值观的打分来自两个群体，所以对比各项工作价值观的绝对分数，本研究更关注不同工作价值观在两个年龄段的排序。在20项工作价值观中，有70%在两个群体的排序波动不超过一个位次，且两个群体最看重的3项与相对最不看重的4项完全一致。两个群体都追求成长、关注福利与人际关系，而对晋升速度、单位名气、工作体面性与权力则并不十分关注。从上述情况来看，95后与75—85年龄段在工作价值观方面存在比较高的一致性。

（2）95后与75—85年龄段差异较大的工作价值观。95后与75—85年龄段的工作价值观虽然存在一定的一致性，但在个别维度上还是表现出了巨大差异，具体表现在：首先，在95后眼中，“令人舒心的办公环境”排在第4位；而在75—85年龄段眼中，这一工作价值观仅排在第13位。这说明舒适的环境在95后的工作价值观中是占举足轻重地位的，而75—85年龄段则对这一因素没有过多关注，95后在工作环境方面比75—85年龄段更有追求，更渴望舒适。其次，在“工作比较轻松，离家近，能有足够的时间进行旅游、锻炼等休闲娱乐活动”方面，95后的排序比75—85年龄段高出了5个位次，这说明95后比75—85年龄段更追求工作的轻松，希望有更多时间进行休闲与娱乐，而75—85年龄段则更务实，没有95后对此因素的追求程度高。最后，在“在组织当中获得更高的地位，受人尊重”方面，75—85 年龄段的排序比 95 后高出了 10 个位次，这说明 75—85 年龄段对较高的组织地位和受人尊重是比较醉心的，而 95 后在这方面没有特殊的追求。对这一差异，可能的解释是随着职业生涯的推进，对组织地位的需求与渴望可能逐渐增长。

总体而言，95 后与 75—85 年龄段在工作价值观方面大多数还是较为一致的，但个别方面两个群体的差异确实较大。

（五）代际差异之二：95 前眼中的 95 后与 95 前的工作价值观差异

在讨论了 95 前与 95 后工作价值观的代际差异后，本研究试图从 95 前的角度来看待代际差异的问题。本部分将对比 95 前对自身工作价值观的评价与 95 前对 95 后工作价值观的评价，以此探讨 95 前眼中的工作价值观代际差异。

由于本次对比的数据都来自 95 前，因此两组得分之间的差距很有参考性，后续的分析将从各项工作价值观的评分差与位次差两个方面展开，来讨论 95 前眼中的 95 后与 95 前在工作价值观上的差异，具体结果如表 4-32 所示。

表 4-32　95 前眼中的 95 后与 95 前的工作价值观差异分析

工作价值观	95 前评 95 后	95 前评自身	评分与位次差
令人舒心的办公环境	4.30（1）	4.00（10）	+0.30（9）
在工作中能自由、独立地安排工作内容与时间	4.26（2）	4.11（6）	+0.15（4）
工作比较轻松，离家近，能有足够的时间进行旅游、锻炼等休闲娱乐活动	4.22（3）	3.75（15）	+0.47（12）
工作本身有趣味性/挑战性/创造性	4.19（4）	3.99（11）	+0.20（7）
薪酬与福利保障等物质回报	4.06（5）	4.36（2）	−0.30（3）
学习与成长的机会	4.05（6）	4.55（1）	−0.50（5）

续表

工作价值观	95 前评 95 后	95 前评自身	评分与位次差
在工作中能充分发挥自己的才能	4.04（7）	4.25（4）	−0.21（3）
同事很棒，比如素质高、颜值高等	3.99（8）	3.71（16）	+0.28（8）
直属领导能力强、魅力大，让人愿意追随	3.97（9）	4.08（7）	−0.11（2）
工作中具有良好的人际关系	3.90（10）	4.27（3）	−0.37（7）
单位的名气大，为以后跳槽提供良好的背书	3.76（11）	3.54（18）	+0.18（7）
晋升速度快	3.71（12）	3.55（17）	+0.16（5）
在组织当中获得更高的地位，受人尊重	3.70（13）	4.03（9）	−0.33（4）
工作稳定、安全，无职业风险	3.55（14）	4.04（8）	−0.49（6）
在工作中能获得较多的社会资源	3.52（15）	3.84（14）	−0.32（1）
工作比较体面，让父母和周围亲戚朋友看重我	3.49（16）	3.44（19）	+0.05（3）
工作中承担更大的责任，能做更大的事情	3.49（17）	3.92（13）	−0.43（4）
工作能够为社会带来价值，有重要的社会意义	3.43（18）	3.96（12）	−0.53（6）
拥有较大的权力	3.24（19）	3.22（20）	+0.02（1）
退休后的生活有保障	3.22（20）	4.14（5）	−0.82（15）

注：“+”代表 95 前认为 95 后更看重，“−”代表 95 前认为 95 后更不看重。

由表 4 - 32 可以看出，两次评分的分数差距较大，这表明在 95 前眼中，95 后与 95 前在工作价值观方面存在较大差异，且 95 前对 95 后工作价值观评分时给出的分数有明显的降低。也就是说，在 95 前眼中，95 后对工作价值观的重视程度总体上没有自己高。接下来具体分析在 95 前眼中，两个群体在不同工作价值观上的差异：

（1）95 前觉得 95 后比自己更看重的工作价值观。虽然 95 前在对 95 后工作价值观评分时呈现出明显的偏低趋势，但仍然有几项在 95 前眼中 95 后比自己明显更看重，具体如“令人舒心的办公环境”“工作比较轻松，离家近，能有足够的时间进行旅游、锻炼等休闲娱乐活动”（差值分别为 0.30 与 0.47）。这两项工作价值观的显著差异使我们捕捉到 95 前眼中 95 后的一个明显特征：95 后相比自身更愿意追求舒心的办公环境与轻松的工作。我们可以推测，在 95 前眼中，95 后是不愿意吃苦，更乐意追求享乐的。

(2) 95前觉得95后比自己更不看重的工作价值观。在95前对95后工作价值观打分整体偏低的背景下，仍然有几项是95前眼中95后相对自身格外不看重的，具体如“学习与成长的机会”“工作稳定、安全，无职业风险”“工作中承担更大的责任，能做更大的事情”“工作能够为社会带来价值，有重要的社会意义”“退休后的生活有保障”（差值都超过0.43)。具体而言，95前认为自己比95后更追求学习与成长，换言之，认为自己比95后更上进，更关注工作的稳定与退休后的生活。此外，在工作中承担责任与为社会带来价值，也是95后相较自己越来越不看重的。总体而言，在95前眼中，95后在上进心、对稳定生活的追求、对责任的承担、社会价值的发挥这几方面，相比自己表现都更为消极。

(3) 95前眼中自己与95后最大的差异。在所有工作价值观中，有一项无论评分还是排序都相差巨大——“退休后的生活有保障”。从自己的角度出发，95前的打分是4.14，排在第5位；而从95后的角度出发时，对其打分降到了3.22，排名也变成了最后一位。由此可见，在95前眼中，两个群体对退休后生活的关注是存在巨大差异的。95前对退休后的生活十分关注，而在他们眼中，95后对退休后生活的看重程度很低。这一差异是可以理解的：95前作为职场中的“老人”，进入职场的时间更长，因而离退休也更近；而95后正处于职业生涯的起点，退休则意味着职业生涯的结束，因而还不太需要过早将退休考虑进来。在95前眼中，这方面是两个群体之间最大的差异。

总体而言，根据整理后的数据不难发现，无论是在重要性评分上，还是在重要性排序上，95前对两个群体都给出了截然不同的结果。也就是说，在95前眼中，95后与95前在工作价值观方面存在明显不同，具有较大的代际差异。

(六) 代际差异之三：95 前眼中的代际差异与实际的代际差异

本章前面探讨了 95 后与 95 前在工作价值观方面实际的代际差异，以及在 95 前眼中两个群体在工作价值观方面存在哪些差异。而 95 前年龄稍长，已经逐步在职场中获得一定的成就与地位，拥有一定的话语权，因此 95 前对 95 后的看法能够影响组织相关政策的制定，探讨 95 前对两个年龄段之间工作价值观代际差异的理解偏差同样具有现实意义。

对比 95 前与 95 后两个群体对自身工作价值观自评的得分，两者具有较高的一致性，最看重的 3 项与最不看重的 4 项两个群体完全一致。但在“令人舒心的工作环境”“工作比较轻松，离家近，有足够的时间进行旅游、锻炼等休闲娱乐活动”两个方面，95 后确实比 95 前表现出了更高的需求；在“在组织当中获得更高的地位，受人尊重”方面，95 前则表达了更高的关注。除此之外，两个群体在近半数工作价值观的看法上没有显著差异。

而在 95 前眼中，95 前与 95 后在工作价值观方面是存在显著代际差异的。首先，95 前对 95 后工作价值观进行评分时，分数出现了明显的降低，也就是说在 95 前眼中，95 后对工作价值观的重视程度总体上没有自身高。其次，在具体的工作价值观方面，95 前的打分也体现出其内心的代际差异，如 95 前认为 95 后相比自身更愿意追求舒心的办公环境与较低的工作强度，95 后不如自身追求学习与成长，而对工作的稳定与退休后的生活也不如自身更加关注。此外，95 前认为自身比 95 后更看重在工作中承担责任与为社会带来价值。总体而言，在 95 前眼中，95 后不愿意吃苦，更乐意追求舒适，在上进心、对稳定生活的追求、对责任的承担以及社会价值的发挥这几方面，表现都更差一点。

根据上述对比不难发现，95 前实际上夸大了自身与 95 后在工作价值观方面的代际差异。根据自评的打分，两个群体在工作上的追求存在较高的一致性，仅在少数工作价值观上出现一些较大的差异。但从 95 前的认知来看，95 后仍然具有追求享乐、缺乏责任承担与社会价值发挥等特点。总结而言，95 后在工作价值观上与 95 前已经有了一定程度的趋同，但在 95 前眼中仍然将 95 后看作与自己差别很大、有不同工作追求的一代。这种认知上的偏差在组织制定与 95 后相关的政策时可能带来一定的后果，政策可能与 95 后无法更好地契合，这是组织需要关注的问题。

三、工作价值观的演变分析（2022 年与 2020 年数据对比）

为了分析工作价值观的演变，本研究将 2022 年的调查数据与 2020 年的调查数据进行对比。第一步，除去 2020 年未进行调查的题项，与 2022 年分析范式一致，分析 2020 年调查样本的工作价值观总体状况，包括 95 后工作价值观的重要性排序和 95 前对 95 后工作价值观的判断排序，并与 2022 年的分析结果进行对比。第二步，针对每项工作价值观维度，分析 2020 年的调查样本与 2022 年的调查样本是否有显著差异。

（一）95 后工作价值观的演变

总体来说，2020 年的样本中，95 后对 20 项工作价值观进行评价的重要性排序如表 4－33 所示。

表 4－33　95 后工作价值观重要性排序（2020 年的数据）

工作价值观	平均分
学习与成长的机会	4.59
工作中具有良好的人际关系	4.48

续表

工作价值观	平均分
退休后的生活有保障	4.36
薪酬与福利保障等物质回报	4.35
在工作中能充分发挥自己的才能	4.31
令人舒心的办公环境	4.29
工作能够为社会带来价值，有重要的社会意义	4.23
工作稳定、安全，无职业风险	4.21
在工作中能自由、独立地安排工作内容与时间	4.17
工作中承担更大的责任，能做更大的事情	4.11
直属领导能力强、魅力大，让人愿意追随	4.10
在工作中能获得较多的社会资源	4.09
工作本身有趣味性/挑战性/创造性	4.09
同事很棒，比如素质高、颜值高等	3.99
在组织当中获得更高的地位，受人尊重	3.97
工作比较轻松，离家近，能有足够的时间进行旅游、锻炼等休闲娱乐活动	3.96
晋升速度快	3.66
工作比较体面，让父母和周围的亲戚朋友看重我	3.58
单位的名气大，为以后跳槽提供良好的背书	3.33
拥有较大的权力	3.24

2020年的数据分析结果显示，“学习与成长的机会”“工作中具有良好的人际关系”“退休后的生活有保障”为95后最看重的3项工作价值观，平均分分别为4.59、4.48、4.36。“薪酬与福利保障等物质回报”稍低于“退休后的生活有保障”位居第四。而“工作比较体面，让父母和周围的亲戚朋友看重我”“单位的名气大，为以后跳槽提供良好的背书”“拥有较大的权力”为95后不太看重的3项工作价值观，平均分分别为3.58、3.33、3.24。

与2022年的调查结果对比发现，随着时间的推移，95后的工作价值观发生了些许改变，在他们心中“薪酬与福利保障等物质回报”的重要性提高，“退休后的生活有保障”的重要性降低，“学习与成长的机会”“工作中具有良好的人际关系”则仍然是非常重要的。同时，95后不太看重的工作价值观始终是“工作比较体面，让父母和周围的亲戚朋友看重我”“单位的名气大，为以后跳槽提供良好的背书”“拥有较大的权力”。

（二）95 前对 95 后工作价值观判断的演变

2020 年的样本中，在 95 前眼中 95 后对 20 项工作价值观进行评价的重要性排序如表 4-34 所示。

表 4-34　95 前眼中 95 后对工作价值观的重要性排序（2020 年的数据）

工作价值观	平均分
学习与成长的机会	4.19
令人舒心的办公环境	4.16
在工作中能充分发挥自己的才能	4.13
在工作中能自由、独立地安排工作内容与时间	4.12
工作本身有趣味性/挑战性/创造性	4.10
工作中具有良好的人际关系	4.04
工作比较轻松，离家近，能有足够的时间进行旅游、锻炼等休闲娱乐活动	4.00
薪酬与福利保障等物质回报	3.98
直属领导能力强、魅力大，让人愿意追随	3.95
在组织当中获得更高的地位，受人尊重	3.86
同事很棒，比如素质高、颜值高等	3.77
在工作中能获得较多的社会资源	3.73
工作中承担更大的责任，能做更大的事情	3.70
工作能够为社会带来价值，有重要的社会意义	3.70
工作稳定、安全，无职业风险	3.69
退休后的生活有保障	3.63
晋升速度快	3.62
工作比较体面，让父母和周围的亲戚朋友看重我	3.47
单位的名气大，为以后跳槽提供良好的背书	3.44
拥有较大的权力	3.16

2020 年的数据分析结果显示，“学习与成长的机会”“令人舒心的办公

环境”“在工作中能充分发挥自己的才能”为 95 前认为的 95 后最看重的 3 项工作价值观，平均分分别为 4.19、4.16、4.13。而“工作比较体面，让父母和周围的亲戚朋友看重我”“单位的名气大，为以后跳槽提供良好的背书”“拥有较大的权力”为 95 前认为的 95 后不太看重的 3 项工作价值观，平均分分别为 3.47、3.44、3.16。

与 2022 年的调查结果对比发现，随着时间的推移，“在工作中能自由、独立地安排工作内容与时间”“工作比较轻松，离家近，能有足够的时间进行旅游、锻炼等休闲娱乐活动”逐渐成为 95 前认为的 95 后最看重的工作价值观。而“令人舒心的办公环境”一直是 95 前认为的 95 后非常看重的工作价值观。

同时，95 前认为的 95 后不太看重的工作价值观也发生了变化，“工作能够为社会带来价值，有重要的社会意义”“退休后的生活有保障”的重要性变得非常低，而“拥有较大权力”没有发生太大变化，一直都是 95 前认为的 95 后不太看重的工作价值观。

（三）2020 年与 2022 年样本的工作价值观差异分析

1. 2020 年与 2022 年 95 后的工作价值观状况差异性检验

被试对工作价值观的评分结果在正态直方图中基本呈现为钟形（中间高，两端低），这说明数据基本可视为服从正态分布。本研究进一步采用独立样本 t 检验的方法检验 2022 年与 2022 年的调查样本对各项工作价值观的评价是否有显著差别，具体结果如表 4－35 所示。

表 4－35　不同调查年份在 95 后工作价值观各维度上的差异性检验

工作价值观	年份	平均值	标准差	t 值	p 值（双尾）	平均值差值	Cohen's d 值
薪酬与福利保障等物质回报	2020	4.35	0.82	−4.12	0.000***	0.11	0.137
	2022	4.46	0.75				

续表

工作价值观	年份	平均值	标准差	t 值	p 值（双尾）	平均值差值	Cohen's d 值
学习与成长的机会	2020	4.59	0.73	2.46	0.014**	0.06	0.082
	2022	4.53	0.72				
在组织当中获得更高的地位，受人尊重	2020	3.97	0.91	3.29	0.001***	0.10	0.109
	2022	3.87	0.91				
工作本身有趣味性/挑战性/创造性	2020	4.09	0.87	2.91	0.004***	0.08	0.097
	2022	4.01	0.85				
工作中具有良好的人际关系	2020	4.48	0.72	6.56	0.000***	0.16	0.218
	2022	4.32	0.75				
令人舒心的办公环境	2020	4.29	0.80	2.32	0.021**	0.07	0.077
	2022	4.22	0.81				
工作中承担更大的责任，能做更大的事情	2020	4.11	0.83	8.32	0.000***	0.23	0.277
	2022	3.88	0.89				
工作能够为社会带来价值，有重要的社会意义	2020	4.23	0.84	8.57	0.000***	0.25	0.285
	2022	3.98	0.91				
在工作中能自由、独立地安排工作内容与时间	2020	4.17	0.83	0.16	0.872	0.00	0.005
	2022	4.17	0.82				
工作比较轻松，离家近，能有足够的时间进行旅游、锻炼等休闲娱乐活动	2020	3.97	0.98	−3.36	0.001***	0.10	0.112
	2022	4.07	0.97				
在工作中能充分发挥自己的才能	2020	4.31	0.76	4.63	0.000***	0.11	0.154
	2022	4.20	0.77				
工作稳定、安全，无职业风险	2020	4.21	0.85	2.53	0.011**	0.07	0.084
	2022	4.14	0.87				
工作比较体面，让父母和周围的亲戚朋友看重我	2020	3.58	1.03	1.11	0.267	0.04	0.037
	2022	3.54	1.04				
在工作中能获得较多的社会资源	2020	4.09	0.85	5.49	0.000***	0.16	0.182
	2022	3.93	0.88				
拥有较大的权力	2020	3.24	1.02	1.65	0.100*	0.06	0.055
	2022	3.18	1.03				
晋升速度快	2020	3.66	0.94	−2.36	0.019**	0.07	0.078
	2022	3.73	0.91				

续表

工作价值观	年份	平均值	标准差	t 值	p 值（双尾）	平均值差值	Cohen's d 值
退休后的生活有保障	2020	4.36	0.81	4.97	0.000***	0.14	0.165
	2022	4.22	0.90				
单位的名气大，为以后跳槽提供良好的背书	2020	3.33	1.11	−7.43	0.000***	0.27	0.247
	2022	3.60	1.03				
直属领导能力强、魅力大，让人愿意追随	2020	4.10	0.92	−0.60	0.550	0.01	0.020
	2022	4.11	0.87				
同事很棒，比如素质高、颜值高等	2020	3.99	0.93	2.33	0.020**	0.08	0.078
	2022	3.91	0.95				

注：***、**、*分别代表1%、5%、10%的显著性水平。

由表4-35可以看出，不同调查年份的95后样本对不同工作价值观在看法上存在差异，除了在“在工作中能自由、独立地安排工作内容与时间”“工作比较体面，让父母和周围的亲戚朋友看重我”“直属领导能力强、魅力大，让人愿意追随”这3项维度上没有显著差异外，在其他17项维度上都存在显著差异，但是差异幅度Cohen's d 值比较小。差异最大的维度为“工作能够为社会带来价值，有重要的社会意义”。

2. 不同调查年份的95前眼中95后的工作价值观状况差异性检验

同样，采用独立样本 t 检验的方法检验不同调查年份的95前对95后各项工作价值观的评价是否有显著差别，具体结果如表4-36所示。

表4-36　不同调查年份在95前眼中95后工作价值观各维度上的差异性检验

工作价值观	年份	平均值	标准差	t 值	p 值（双尾）	平均值差值	Cohen's d 值
薪酬与福利保障等物质回报	2020	3.98	0.99	−1.98	0.047**	0.08	0.073
	2022	4.06	0.96				
学习与成长的机会	2020	4.19	0.92	4.25	0.000***	0.14	0.156
	2022	4.05	0.91				

续表

工作价值观	年份	平均值	标准差	t 值	p 值（双尾）	平均值差值	Cohen's d 值
在组织当中获得更高的地位，受人尊重	2020	3.86	0.95	4.50	0.000***	0.16	0.165
	2022	3.70	1.00				
工作本身有趣味性/挑战性/创造性	2020	4.10	0.88	−2.78	0.006***	0.09	0.102
	2022	4.19	0.88				
工作中具有良好的人际关系	2020	4.04	0.95	4.05	0.000***	0.14	0.148
	2022	3.90	0.93				
令人舒心的办公环境	2020	4.16	0.81	−5.06	0.000***	0.14	0.185
	2022	4.30	0.72				
工作中承担更大的责任，能做更大的事情	2020	3.71	0.98	6.03	0.000***	0.22	0.221
	2022	3.49	1.00				
工作能够为社会带来价值，有重要的社会意义	2020	3.70	1.07	7.05	0.000***	0.27	0.258
	2022	3.43	1.02				
在工作中能自由、独立地安排工作内容与时间	2020	4.12	0.85	−4.34	0.000***	0.14	0.159
	2022	4.26	0.79				
工作比较轻松，离家近，能有足够的时间进行旅游、锻炼等休闲娱乐活动	2020	4.00	0.94	−6.68	0.000***	0.22	0.245
	2022	4.22	0.83				
在工作中能充分发挥自己的才能	2020	4.13	0.82	2.94	0.003***	0.09	0.108
	2022	4.04	0.83				
工作稳定、安全，无职业风险	2020	3.69	1.04	3.62	0.000***	0.14	0.133
	2022	3.55	1.06				
工作比较体面，让父母和周围的亲戚朋友看重我	2020	3.47	1.02	−0.55	0.586	0.02	0.02
	2022	3.49	1.02				
在工作中能获得较多的社会资源	2020	3.73	0.96	5.82	0.000***	0.21	0.213
	2022	3.52	1.02				
拥有较大的权力	2020	3.16	0.97	−2.38	0.017**	0.08	0.087
	2022	3.24	1.01				
晋升速度快	2020	3.62	0.93	−2.71	0.007***	0.09	0.099
	2022	3.71	0.95				
退休后的生活有保障	2020	3.63	1.23	9.40	0.000***	0.41	0.345
	2022	3.22	1.17				

续表

工作价值观	年份	平均值	标准差	t 值	p 值（双尾）	平均值差值	Cohen's d 值
单位的名气大，为以后跳槽提供良好的背书	2020	3.44	0.98	−8.90	0.000***	0.32	0.326
	2022	3.76	0.98				
直属领导能力强、魅力大，让人愿意追随	2020	3.95	0.95	−0.45	0.651	0.02	0.017
	2022	3.97	0.96				
同事很棒，比如素质高、颜值高等	2020	3.77	0.95	−6.34	0.000***	0.22	0.232
	2022	3.99	0.94				

注：***、** 分别代表 1%、5%的显著性水平。

由表 4-36 可以看出，不同调查年份的样本对 95 后不同工作价值观维度在看法上存在差异，除了在“工作比较体面，让父母和周围的亲戚朋友看重我”“直属领导能力强、魅力大，让人愿意追随”这 2 项维度上没有显著差异外，在其他 18 项维度上都存在显著差异，但是差异幅度 Cohen's d 值比较小。差异最大的维度为“退休后的生活有保障”。

第五部分　公司管理政策分析专题

一、员工对公司基本管理政策的看法分析

（一）创新政策

1. 95后对创新政策的看法

本研究设计了两个选项供被试选择，分别为“管理政策应该鼓励创新，并适当宽容创新带来的失败”“创新是好事，但创新时必须严格控制风险”。绘制饼图（见图5－1）以清晰反映95后是如何看待创新政策的。

由图5－1可以看出，95后中超过半数的人（69.38%）认为“管理政策应该鼓励创新，并适当宽容创新带来的失败”，而少部分人（30.62%）认为“创新是好事，但创新时必须严格控制风险”。可见，95后中大部分人对失败包容度较高。

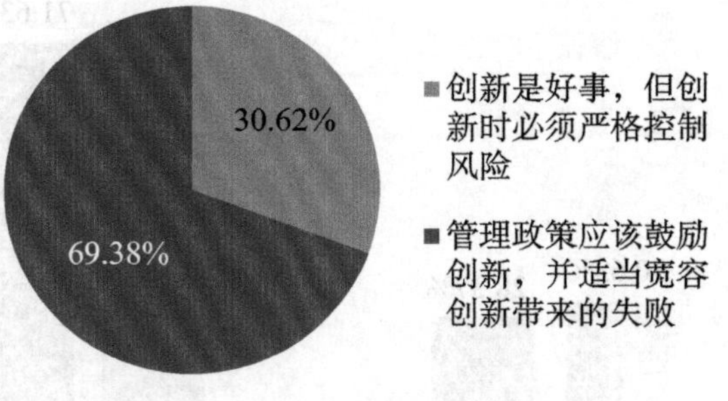

图 5-1　95 后对创新政策的看法

2. 95 前对创新政策的看法

同样绘制了 95 前是如何看待创新政策的饼图（见图 5-2）。

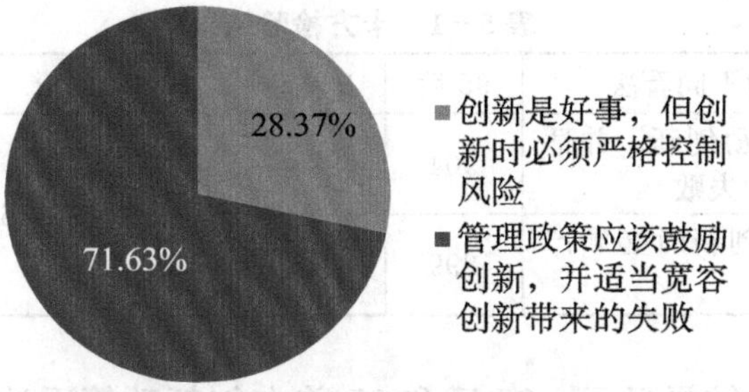

图 5-2　95 前对创新政策的看法

由图 5-2 可以看出，95 前中 71.63%的人认为“管理政策应该鼓励创新，并适当宽容创新带来的失败”，而 28.37%的人认为“创新是好事，但创新时必须严格控制风险”。可见，95 前中大部分人能够容忍失败。

3. 95 后与 95 前对创新政策的看法差异

由两个饼图可以看出，95 后与 95 前对创新带来的失败容忍度都较高。相对而言，95 前更能包容失败。为了更直观地展示 95 后与 95 前对创新政策的看法差异，绘制直方图（见图 5-3）。

进一步利用卡方检验方法，本研究分析 95 后与 95 前对创新政策的看法是否存在显著差异，具体结果如表 5-1 所示。

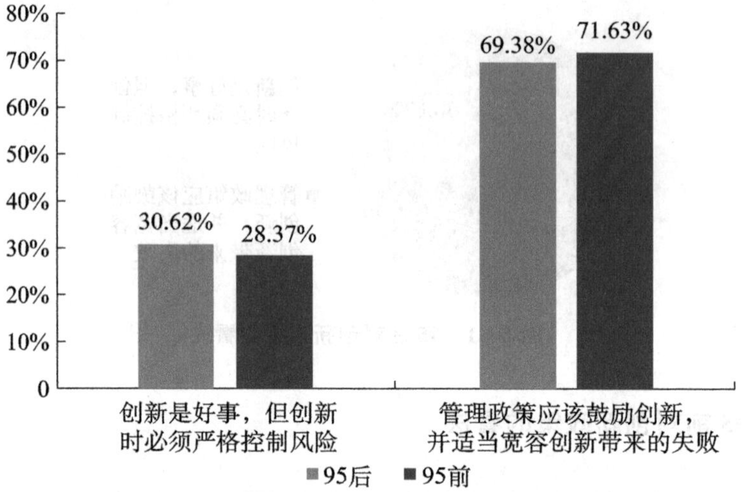

图 5-3　95 后与 95 前对创新政策的看法

表 5-1　卡方检验结果

对创新政策的不同看法	95 后	95 前	总计	χ^2	校正 χ^2	P 值
管理政策应该鼓励创新，并适当宽容创新带来的失败	904	828	1 732	1.486	1.38	0.223
创新是好事，但创新时必须严格控制风险	399	328	727			

卡方检验的结果显示，95 后和 95 前在创新政策看法上的差异显著性 P 值为 0.223，不呈现显著性。因此，95 后和 95 前对于创新政策的看法不存在显著差异。

（二）个人利益政策

1. 95 后对个人利益政策的看法

本研究设计了两个选项供被试选择，分别为“涉及个人利益的政策（如个人绩效考核、薪酬分配、职位晋升等）都能够用透明的制度和流程来管理，这会减少人为因素的干扰”“个人绩效考核与薪酬分配、职位晋升等涉及个人利益政策的公平、公正都是相对的，没有人为因素是不可能的"。绘制饼图（见图 5－4）以直观地反映 95 后是如何看待个人利益政策的。

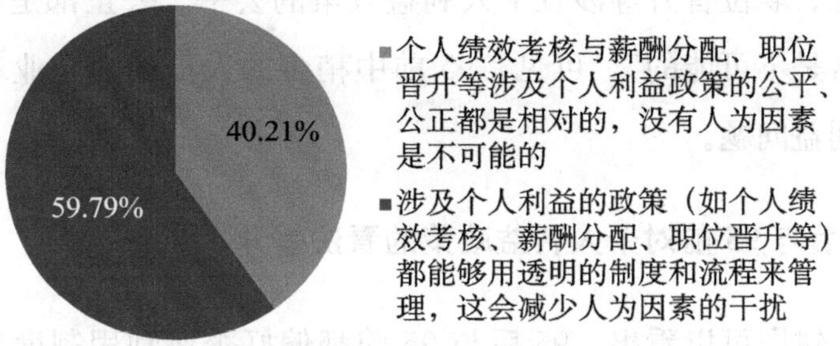

图 5－4　95 后对个人利益政策的看法

由图 5－4 可以看出，95 后中超过半数的人（59.79%）认为"涉及个人利益的政策（如个人绩效考核、薪酬分配、职位晋升等）都能用透明的制度和流程来管理，这会减少人为因素的干扰"，而 40.21%的人认为"个人绩效考核与薪酬分配、职位晋升等涉及个人利益政策的公平、公正都是相对的，没有人为因素是不可能的"。可见，95 后中大部分人更偏好企业利用制度来解决个人利益问题。

2. 95 前对个人利益政策的看法

同样绘制了 95 前是如何看待个人利益政策的饼图（见图 5－5）。

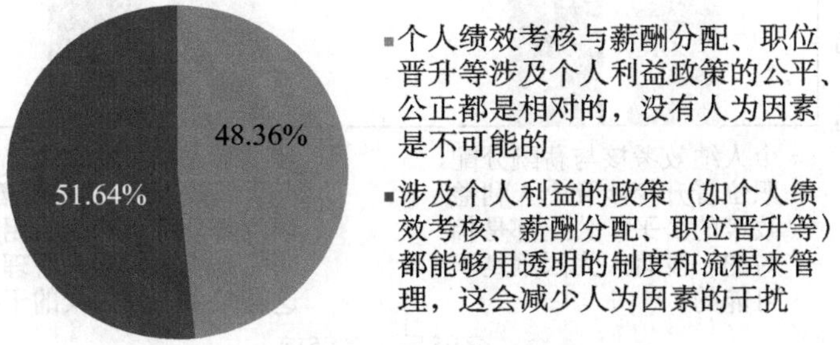

图 5－5　95 前对个人利益政策的看法

由图 5-5 可以看出，95 前中 51.64%的人认为“涉及个人利益的政策（如个人绩效考核、薪酬分配、职位晋升等）都能够用透明的制度和流程来管理，这会减少人为因素的干扰”，而 48.36%的人认为“个人绩效考核与薪酬分配、职位晋升等涉及个人利益政策的公平、公正都是相对的，没有人为因素是不可能的”。可见，95 前中稍多的人更偏好企业利用制度来解决个人利益问题。

3. 95 后与 95 前对个人利益政策的看法差异

由两个饼图可以看出，95 后与 95 前都偏好企业利用制度来解决个人利益问题。相对而言，95 后更加偏好制度，95 前更能看淡人为因素。为了更直观地展示 95 后与 95 前对个人利益政策的看法差异，绘制直方图（见图 5-6）。

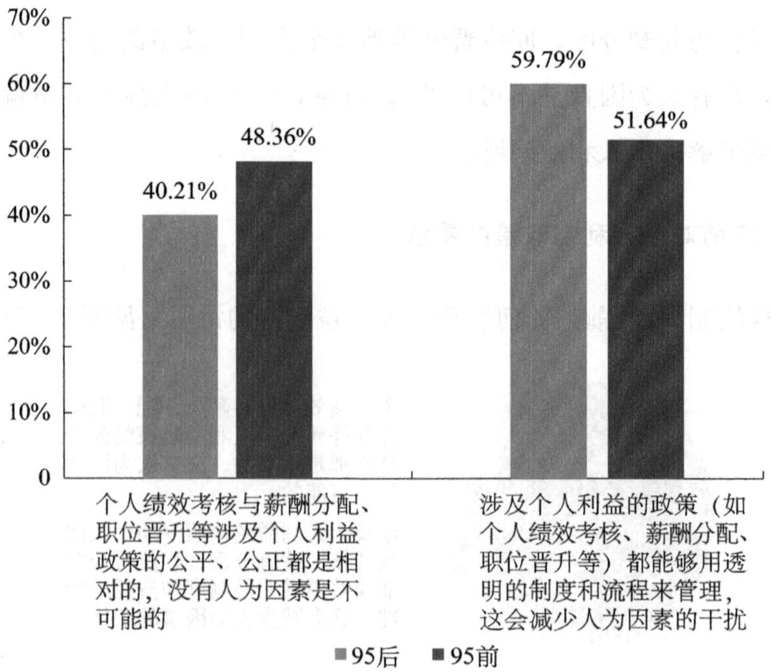

图 5-6　95 后与 95 前对个人利益政策的看法

进一步利用卡方检验方法，本研究分析了 95 后与 95 前对个人利益政策的看法是否存在显著差异，具体结果如表 5-2 所示。

表 5-2　卡方检验结果

对个人利益政策的不同看法	95 后	95 前	总计	χ^2	校正 χ^2	P 值
涉及个人利益的政策（如个人绩效考核、薪酬分配、职位晋升等）都能够用透明的制度和流程来管理，这会减少人为因素的干扰	779	597	1 376	16.475	16.146	0.000***
个人绩效考核与薪酬分配、职位晋升等涉及个人利益政策的公平、公正都是相对的，没有人为因素是不可能的	524	559	1 083			

注：*** 代表 1%的显著性水平。

卡方检验的结果显示，95 后和 95 前在个人利益政策看法上的差异显著性 P 值为 0.000，呈现显著性。因此，95 后和 95 前对于个人利益政策的看法存在显著差异。

（三）加班政策

1. 95 后对加班政策的看法

本研究设计了两个选项供被试选择，分别为“公司应该通过管理和技术创新来提高整体业绩，而不能通过加班等消耗战来提高公司业绩”“竞争对手也在不断地进行管理和技术创新，最后还是依靠加班来战胜竞争对手，加班也是一种吃苦耐劳的传统美德”。绘制饼图（见图 5-7）以直观地反映 95 后是如何看待加班政策的。

由图 5-7 可以看出，95 后中绝大多数人（90.33%）认为“公司应该通过管理和技术创新来提高整体业绩，而不能通过加班等消耗战来提高公

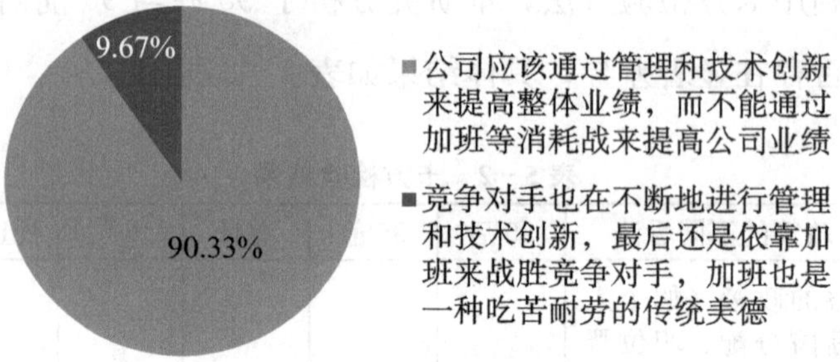

图 5-7　95 后对加班政策的看法

司业绩”，仅有一小部分人（9.67%）认为“竞争对手也在不断地进行管理和技术创新，最后还是依靠加班来战胜竞争对手，加班也是一种吃苦耐劳的传统美德”。可见，95 后中绝大部分人对加班持否定态度。

2. 95 前对加班政策的看法

同样绘制了 95 前是如何看待加班政策的饼图（见图 5-8）。

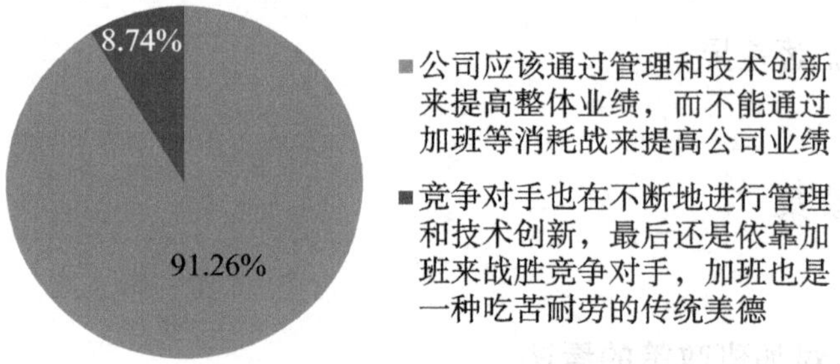

图 5-8　95 前对加班政策的看法

由图 5-8 可以看出，95 前中 91.26%的人认为“公司应该通过管理和技术创新来提高整体业绩，而不能通过加班等消耗战来提高公司业绩”，而 8.74%的人认为“竞争对手也在不断地进行管理和技术创新，最后还是依靠加班来战胜竞争对手，加班也是一种吃苦耐劳的传统美德”。可见，95 前中绝大部分人对加班持否定态度。

3. 95 后与 95 前对加班政策的看法差异

由两个饼图可以看出，95 后与 95 前对加班都持否定态度。相对而言，95 后稍微积极一些。为了更直观地展示 95 后与 95 前对加班政策的看法差异，绘制直方图（图 5－9）。

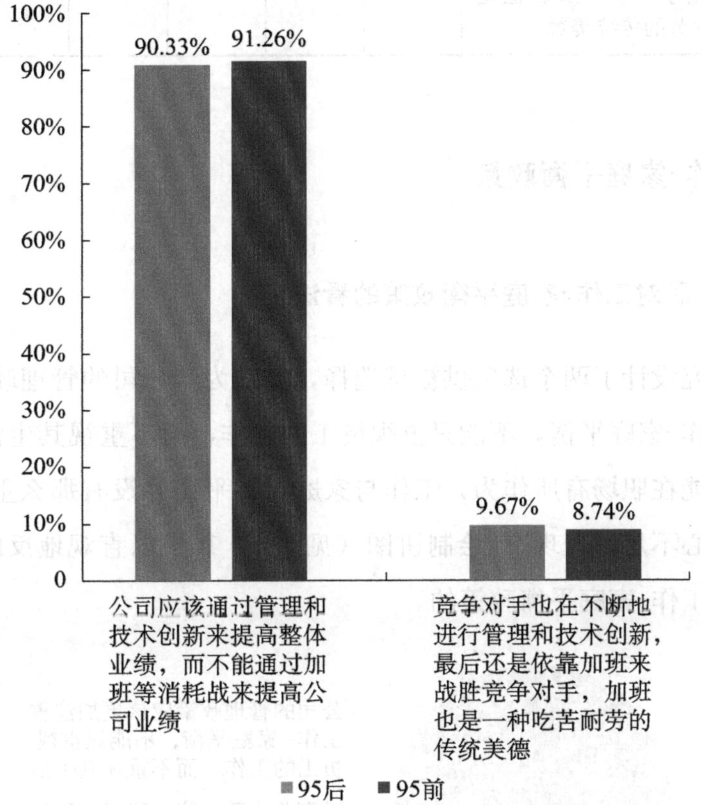

图 5－9　95 后与 95 前对加班政策的看法

进一步利用卡方检验方法，本研究分析了 95 后与 95 前对加班政策的看法是否存在显著差异，具体结果如表 5－3 所示。

卡方检验的结果显示，95 后和 95 前在加班政策看法上的差异显著性 P 值为 0.425，未呈现显著性。因此，95 后和 95 前对于加班政策的看法不存在显著差异。

表 5-3 卡方检验结果

对加班政策的不同看法	95后	95前	总计	χ^2	校正 χ^2	P 值
公司应该通过管理和技术创新来提高整体业绩，而不能通过加班等消耗战来提高公司业绩	1 177	1 055	2 232	0.636	0.53	0.425
竞争对手也在不断地进行管理和技术创新，最后还是依靠加班来战胜竞争对手，加班也是一种吃苦耐劳的传统美德	126	101	227			

（四）工作-家庭平衡政策

1. 95后对工作-家庭平衡政策的看法

本研究设计了两个选项供被试选择，分别为“公司的管理政策应该更加注重工作-家庭平衡，不能只重视员工的工作，而不重视其生活”“以事业为重才能在职场有所作为，工作与家庭保持平衡并没有那么重要，是一个人事业心不足的表现”。绘制饼图（见图 5-10）以直观地反映 95 后是如何看待工作-家庭平衡政策的。

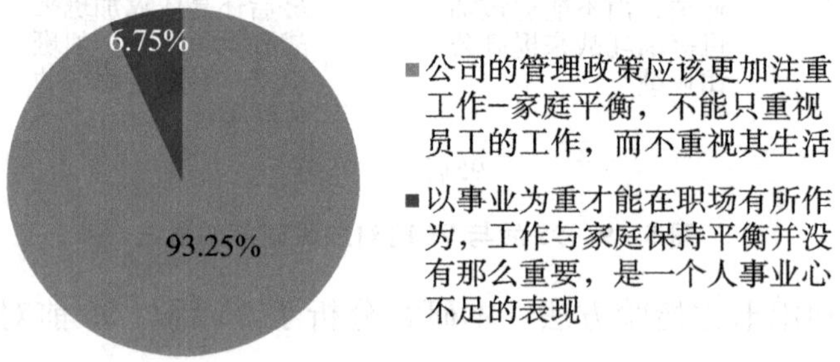

图 5-10 95后对工作-家庭平衡政策的看法

由图 5-10 可以看出，95 后中绝大多数人（93.25%）认为“公司的管理政策应该更加注重工作-家庭平衡，不能只重视员工的工作，而不重视其生活”，仅有一小部分人（6.75%）认为“以事业为重才能在职场有所作为，工作与家庭保持平衡并没有那么重要，是一个人事业心不足的表现”。可见，95后中绝大部分人对工作-家庭平衡持积极态度。

2. 95前对工作-家庭平衡政策的看法

同样绘制了95前是如何看待工作-家庭平衡政策的饼图（见图5-11）。

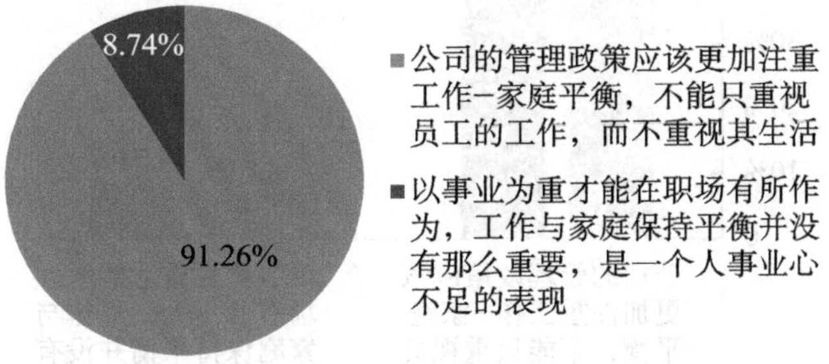

图5-11　95前对工作-家庭平衡政策的看法

由图5-11可以看出，95前中91.26%的人认为“公司的管理政策应该更加注重工作-家庭平衡，不能只重视员工的工作，而不重视其生活”，而8.74%的人认为“以事业为重才能在职场有所作为，工作与家庭保持平衡并没有那么重要，是一个人事业心不足的表现”。可见，95前中绝大部分人对工作-家庭平衡持积极态度。

3. 95后与95前对工作-家庭平衡政策的看法差异

由两个饼图可以看出，95后与95前对工作-家庭平衡都持积极态度。相对而言，95后稍微积极一些。为了更直观地展示95后与95前对工作-家庭平衡政策的看法差异，绘制直方图（见图5-12）。

进一步利用卡方检验方法，本研究分析了95后与95前对工作-家庭平衡政策的看法是否存在显著差异，具体结果如表5-4所示。

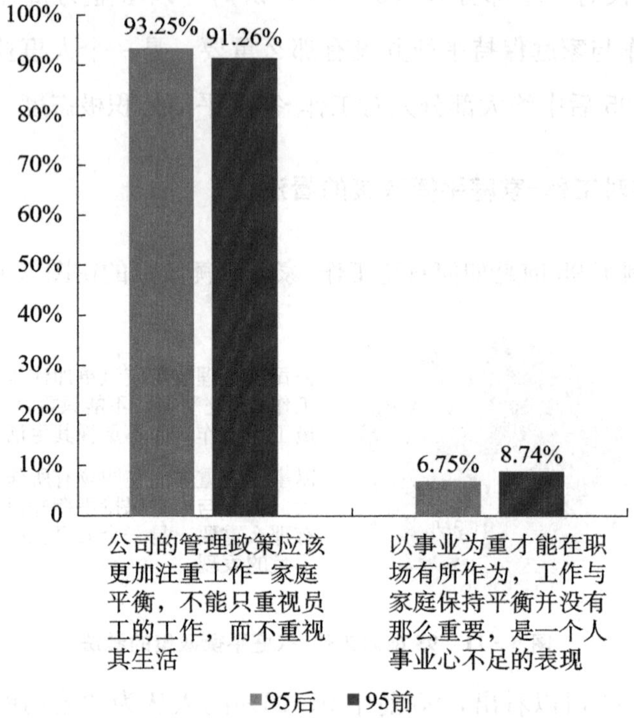

图 5-12　95 后与 95 前对工作-家庭平衡政策的看法

表 5-4　卡方检验结果

对工作-家庭平衡政策的不同看法	95 后	95 前	总计	χ^2	校正 χ^2	P 值
公司的管理政策应该更加注重工作-家庭平衡，不能只重视员工的工作，而不重视其生活	1 215	1 055	2 270	3.396	3.122	0.065*
以事业为重才能在职场有所作为，工作与家庭保持平衡并没有那么重要，是一个人事业心不足的表现	88	101	189			

注：* 代表 10%的显著性水平。

卡方检验的结果显示，95 后和 95 前在工作-家庭平衡政策看法上的差异显著性 P 值为 0.065，呈现出显著性。因此，95 后和 95 前对于工作-家庭平衡政策的看法存在显著差异。

（五）培训政策

1. 95后对培训政策的看法

本研究设计了两个选项供被试选择，分别为“公司的培训政策应该首先考虑提升员工能力，而不是为了培训而培训”“公司的培训政策考虑员工能力提升只是一方面，更要考虑让员工休闲放松等福利作用”。绘制饼图（见图5-13）以清晰地反映95后是如何看待公司培训政策的。

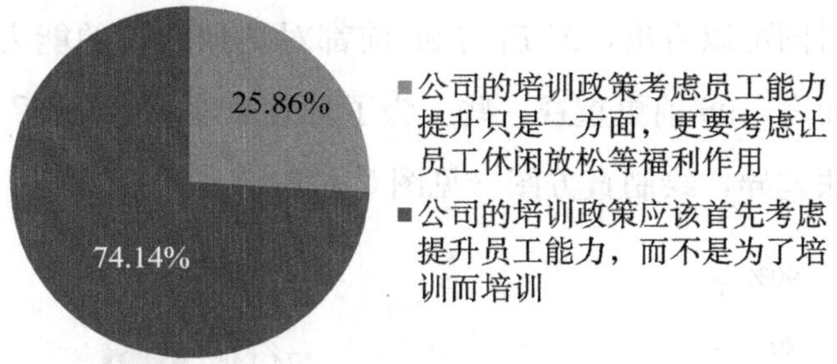

图5-13　95后对培训政策的看法

由图5-13可以看出，95后中超过半数的人（74.14%）认为“公司的培训政策应该首先考虑提升员工能力，而不是为了培训而培训”，而少部分人（25.86%）认为“公司的培训政策考虑员工能力提升只是一方面，更要考虑让员工休闲放松等福利作用”。可见，95后中大部分人对培训政策的能力提升作用更重视。

2. 95前对培训政策的看法

同样绘制了95前是如何看待培训政策的饼图（见图5-14）。

由图5-14可以看出，95前中80.10%的人认为“公司的培训政策应该首先考虑提升员工能力，而不是为了培训而培训”，而19.90%的人认为“公司的培训政策考虑员工能力提升只是一方面，更要考虑让员工休闲放松等福

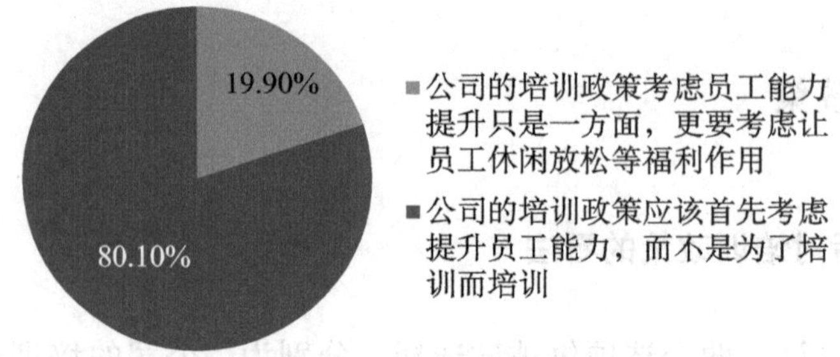

图 5-14　95 前对培训政策的看法

利作用”。可见，95 前中大部分人对培训政策的能力提升作用更重视。

3. 95 后与 95 前对培训政策的看法差异

由两个饼图可以看出，95 后与 95 前都对培训政策的能力提升作用很重视。相对而言，95 前更重视一些。为了更直观地展示 95 后与 95 前对培训政策的看法差异，绘制直方图（见图 5-15）。

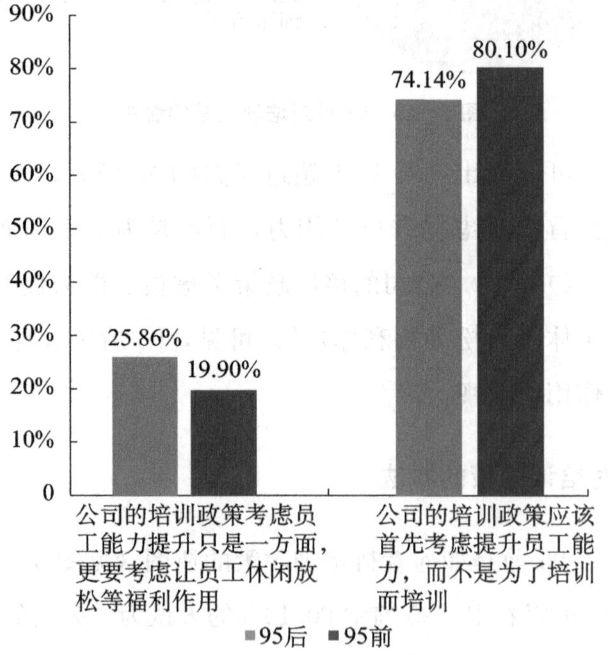

图 5-15　95 后与 95 前对培训政策的看法

进一步利用卡方检验方法，本研究分析了95后与95前对培训政策的看法是否存在显著差异，具体结果如表5－5所示。

表5－5　卡方检验结果

对培训政策的不同看法	95后	95前	总计	χ^2	校正 χ^2	P 值
公司的培训政策应该首先考虑提升员工能力，而不是为了培训而培训	966	926	1 892	12.294	11.96	0.000***
公司的培训政策考虑员工能力提升只是一方面，更要考虑让员工休闲放松等福利作用	337	230	567			

注：*** 代表1%的显著性水平。

卡方检验的结果显示，95后和95前在培训政策看法上的差异显著性 P 值为0.000，呈现显著性。因此，95后和95前对于培训政策的看法存在显著差异。

（六）离职

1. 95后对离职的看法

本研究设计了两个选项供被试选择，分别为“员工应对公司有忠诚度，这样有利于个人与公司共同成长，因此频繁离职是忠诚度不足的体现，对个人发展来说也是不明智的”“公司与员工之间是基于合同的契约关系，即使频繁离职也是他的个人选择，不应受到道义上的谴责”。绘制饼图（见图5－16）以直观地反映95后是如何看待离职的。

以往研究认为，新生代员工工作更换频繁，组织认同度低（何奎，战玲玲，2018）。但是本研究发现，95后中超过半数的人（63.01%）认为“公司与员工之间是基于合同的契约关系，即使频繁离职也是他的个人选择，不应受到道义上的谴责”，而少部分人（36.99%）认为“员工应对公

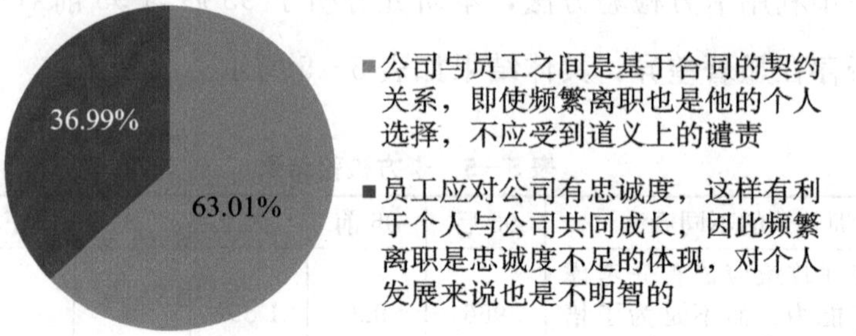

图 5－16　95 后对离职的看法

司有忠诚度，这样有利于个人与公司共同成长，因此频繁离职是忠诚度不足的体现，对个人发展也是不明智的”。可见，95 后中大部分人对离职比较包容。

2. 95 前对离职的看法

同样绘制了 95 前是如何看待离职的饼图（见图 5－17）。

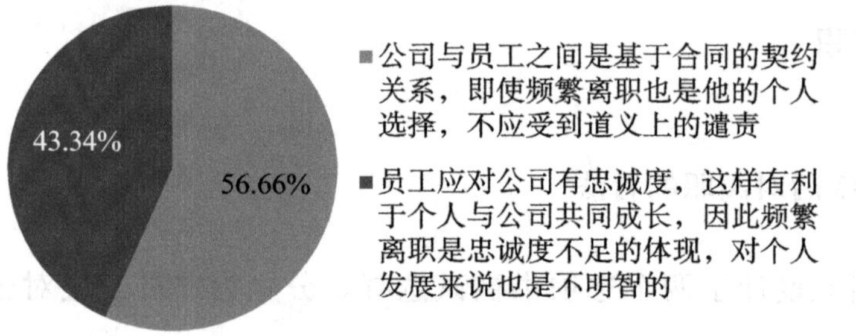

图 5－17　95 前对离职的看法

由图 5－17 可以看出，95 前中 56.66％的人认为“公司与员工之间是基于合同的契约关系，即使频繁离职也是他的个人选择，不应受到道义上的谴责”，而 43.34％的人认为“员工应对公司有忠诚度，这样有利于个人与公司共同成长，因此频繁离职是忠诚度不足的体现，对个人发展来说也是不明智的”。可见，95 前中大部分人对离职比较包容。

3. 95 后与 95 前对离职的看法差异

由两个饼图可以看出，95 后与 95 前都对离职比较包容。相对而言，95 后更包容一些。为了更直观地展示 95 后与 95 前对离职的看法差异，绘制直方图（见图 5-18）。

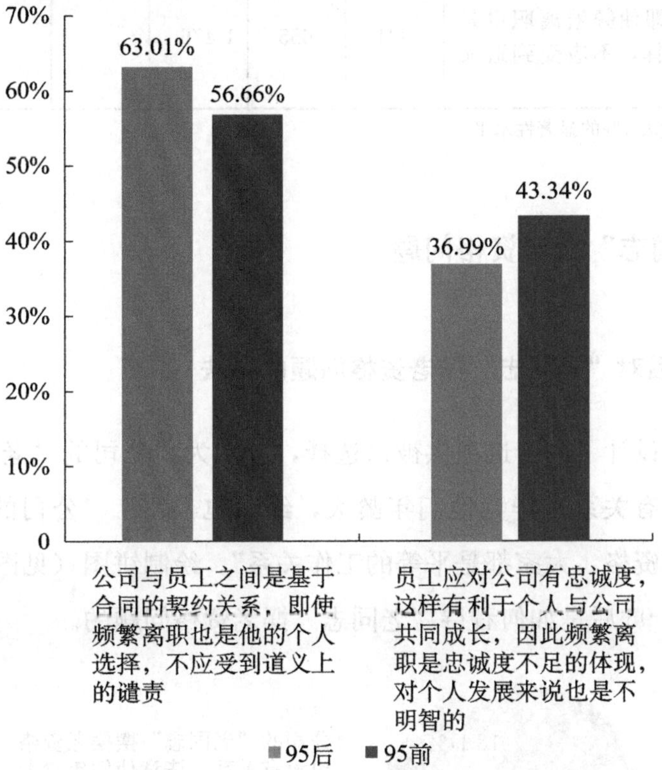

图 5-18　95 后与 95 前对离职的看法

进一步利用卡方检验方法，本研究分析了 95 后与 95 前对离职的看法是否存在显著差异，具体结果如表 5-6 所示。

卡方检验的结果显示，95 后和 95 前在离职看法上的差异显著性 P 值为 0.001，呈现显著性。因此，95 后和 95 前对于离职的看法存在显著差异。

表 5-6　卡方检验结果

对离职的不同看法	95 后	95 前	总计	χ^2	校正 χ^2	P 值
员工应对公司有忠诚度，这样有利于个人与公司共同成长，因此频繁离职是忠诚度不足的体现，对个人发展来说也是不明智的	482	501	983	10.286	10.023	0.001***
公司与员工之间是基于合同的契约关系，即使频繁离职也是他的个人选择，不应受到道义上的谴责	821	655	1 476			

注：*** 代表 1%的显著性水平。

(七)“老同志”摆老资格问题

1. 95 后对“老同志”摆老资格问题的看法

本研究设计了两个选项供被试选择，分别为“公司的‘老同志’摆摆老资格也没有关系，毕竟他们年龄大，经验也丰富”“公司的‘老同志’不应该摆老资格，大家都是平等的工作关系”。绘制饼图（见图 5-19）以直观地反映 95 后是如何看待“老同志”摆老资格问题的。

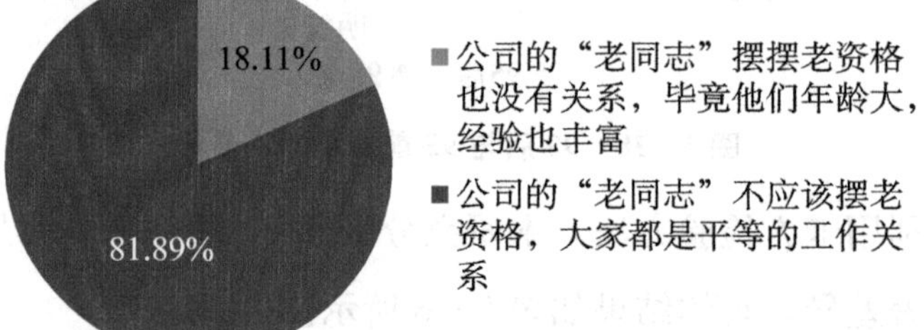

图 5-19　95 后对“老同志”摆老资格问题的看法

由图 5-19 可以看出，95 后中绝大多数人（81.89%）认为“公司的‘老同志’不应该摆老资格，大家都是平等的工作关系”，而少部分人

(18.11%) 认为“公司的‘老同志’摆摆老资格也没有关系，毕竟他们年龄大，经验也丰富”。可见，95 后中绝大部分人对“老同志”摆老资格不太赞成。

2. 95 前对“老同志”摆老资格问题的看法

同样绘制了 95 前是如何看待“老同志”摆老资格问题的饼图（见图 5-20）。

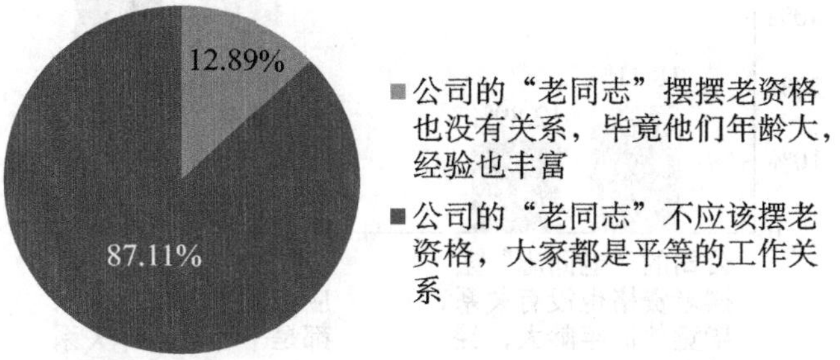

图 5-20　95 前对“老同志”摆老资格问题的看法

由图 5-20 可以看出，95 前中 87.11%的人认为“公司的‘老同志’不应该摆老资格，大家都是平等的工作关系”，而 12.89%的人认为“公司的‘老同志’摆摆老资格也没有关系，毕竟他们年龄大，经验也丰富”。可见，95 前中绝大部分人对“老同志”摆老资格不太赞成。

3. 95 后与 95 前对“老同志”摆老资格问题的看法差异

由两个饼图可以看出，95 后与 95 前对“老同志”摆老资格都不太赞成。相对而言，95 后的容忍度高一些。为了更直观地展示 95 后与 95 前对“老同志”摆老资格问题的看法差异，绘制直方图（见图 5-21）。

进一步利用卡方检验方法，本研究分析了 95 后与 95 前对“老同志”摆老资格问题的看法是否存在显著差异，具体结果如表 5-7 所示。

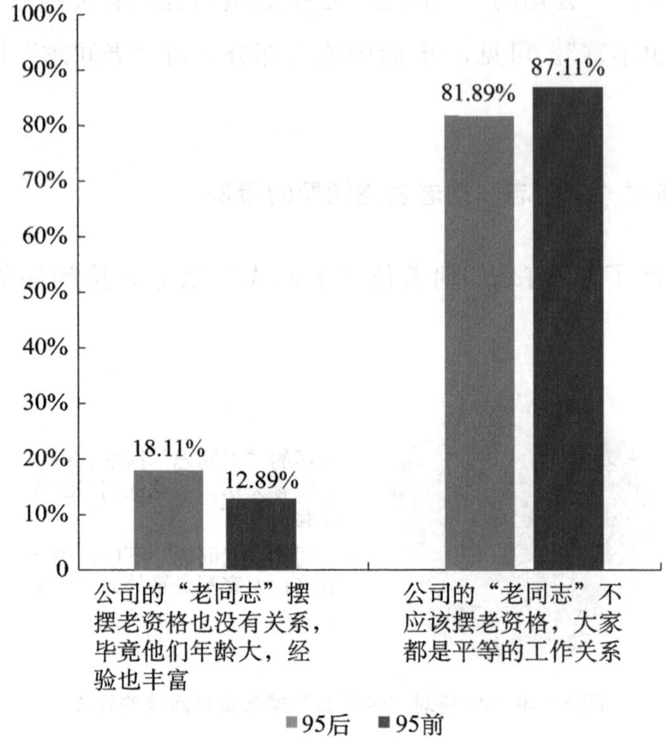

图 5-21 95 后与 95 前对“老同志”摆老资格问题的看法

表 5-7 卡方检验结果

对“老同志”摆老资格问题的不同看法	95 后	95 前	总计	χ^2	校正 χ^2	P 值
公司的“老同志”摆摆老资格也没有关系，毕竟他们年龄大，经验也丰富	236	149	385	12.653	12.261	0.000***
公司的“老同志”不应该摆老资格，大家都是平等的工作关系	1 067	1 007	2 074			

注：*** 代表 1%的显著性水平。

卡方检验的结果显示，95 后和 95 前在“老同志”摆老资格问题看法上的差异显著性 P 值为 0.000，呈现显著性。因此，95 后和 95 前对于“老同志”摆老资格问题的看法存在显著差异。

（八）办公室政治问题

1. 95后对办公室政治问题的看法

本研究设计了两个选项供被试选择，分别为“这种现象是不正常的，要坚决反对，至少不能参与”“这种现象是一种常见的客观存在，难以消除，因此要积极适应”。绘制饼图（见图5-22）以直观地反映95后是如何看待办公室政治问题的。

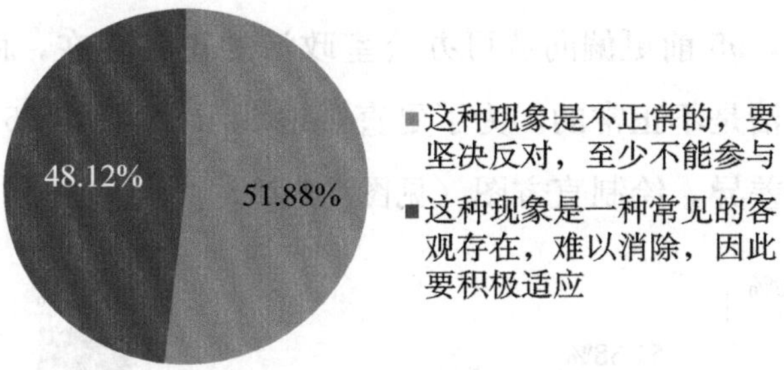

图5-22　95后对办公室政治问题的看法

由图5-22可以看出，95后中51.88%的人认为“这种现象是一种常见的客观存在，难以消除，因此要积极适应”，而48.12%的人认为“这种现象是不正常的，要坚决反对，至少不能参与”。可见，95后在办公室政治问题的看法上各有侧重。

2. 95前对办公室政治问题的看法

同样绘制了95前是如何看待办公室政治问题的饼图（见图5-23）。

由图5-23可以看出，95前中56.83%的人认为“这种现象是一种常见的客观存在，难以消除，因此要积极适应”，而43.17%的人认为“这种现象是不正常的，要坚决反对，至少不能参与”。可见，95前在办公室政治问题的看法上各有侧重。

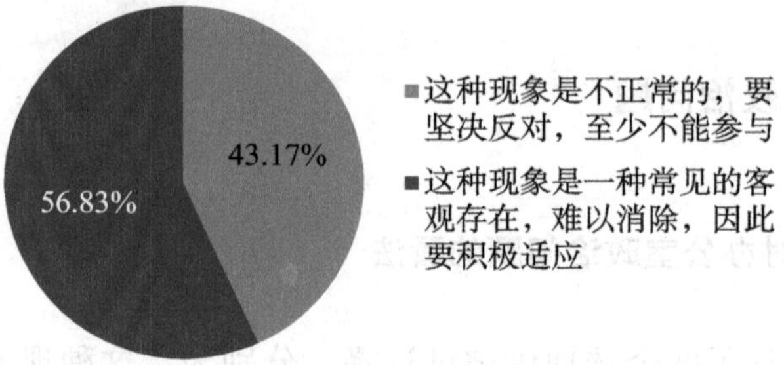

图 5-23　95 前对办公室政治问题的看法

3. 95 后与 95 前对办公室政治问题的看法差异

由两个饼图可以看出，95 后与 95 前在办公室政治问题上态度各有侧重。相对而言，95 前更偏向认可办公室政治的正常存在，而 95 后更偏向认为办公室政治是不正常的。为了更直观地展示 95 后与 95 前对办公室政治问题的看法差异，绘制直方图（见图 5-24）。

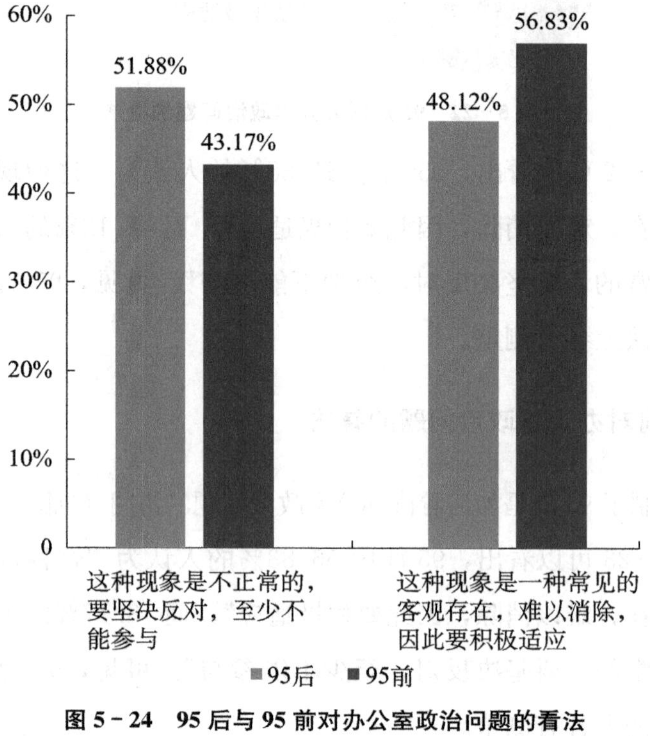

图 5-24　95 后与 95 前对办公室政治问题的看法

进一步利用卡方检验方法，本研究分析了95后与95前对办公室政治问题的看法是否存在显著差异，具体结果如表5-8所示。

表5-8　卡方检验结果

对办公室政治问题的不同看法	95后	95前	总计	χ^2	校正 χ^2	P 值
这种现象是不正常的，要坚决反对，至少不能参与	676	499	1 175	18.643	18.295	0.000***
这种现象是一种常见的客观存在，难以消除，因此要积极适应	627	657	1 284			

注：*** 代表1%的显著性水平。

卡方检验的结果显示，95后和95前在办公室政治问题看法上的差异显著性 P 值为0.000，呈现显著性。因此，95后和95前对于办公室政治问题的看法存在显著差异。

二、员工对公司激励制度的看法分析

当前已有学者对新生代员工有效激励的问题进行了探索（如黄军荣，2022；杨柠屹，2021；胡丽丽，王刚，2020）。本研究主要围绕“哪些制度能更加有效地激励新入职的年轻人”这一问题展开，试着探讨不同年龄段员工关于公司制度对新员工激励程度的看法，涵盖晋升、培训、薪酬、考核、工作-生活平衡等多个方面，具体包括工作-生活平衡的制度、公平的晋升制度、有效的培训制度、高薪酬、公平的考核制度、按劳分配的报酬制度、自由灵活的用工制度、股权激励制度、鼓励创新和试错的制度，共计9个选项。要求员工从9个选项中选择3个最认可的，结果与分析如下。

（一）95后如何看待公司对新入职年轻人的激励制度

1. 95后最看重工作-生活平衡的制度、高薪酬、公平的晋升制度

由图5-25可以看出，工作-生活平衡的制度与高薪酬是95后眼中最有效的激励制度，超过六成的95后选择了它们；接下来是公平的晋升制度，超过半数的95后选择了它。总体而言，95后对工作-生活平衡、薪酬与晋升是最为关注的，围绕这几个方面展开的公司制度最能起到激励作用。

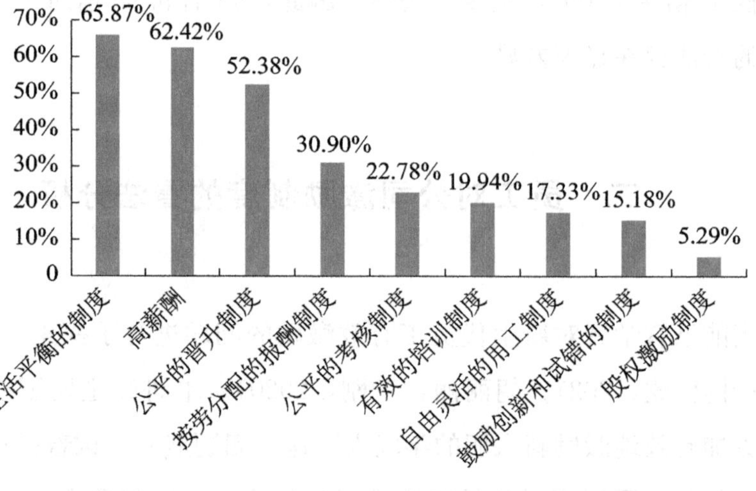

图5-25　95后对公司对新入职年轻人的激励制度的看法

2. 95后次关注按劳分配的报酬制度、公平的考核制度、有效的培训制度

三成95后认可按劳分配的报酬制度，1/5的95后则表达了对公平的考核制度与有效的培训制度的关注，因而按劳分配、考核与培训这几个方面也能够牵动新入职年轻人的心弦，对其产生激励作用。

3. 自由灵活的用工制度、鼓励创新和试错的制度、股权激励制度对95后的激励程度较小

95后对于自由灵活的用工制度、鼓励创新和试错的制度、股权激励制度的关注均低于20%，其中对于股权激励制度的关注仅为5.29%。这从侧面反映出新生代员工对于股权激励的认识与关注不足，因而从股权出发对其进行激励所产生的效果最微弱。灵活用工与鼓励创新对新生代员工产生的激励作用也较小，效果可能也不尽如人意。

（二）95前如何看待公司对新入职年轻人的激励制度

1. 公平的晋升制度、工作-生活平衡的制度、高薪酬、按劳分配的报酬制度是95前认可的有效激励手段

由图5-26可以看出，公平的晋升制度是激励95前最有效的手段，有超过六成的95前对其表达了认可；有超过半数的95前认为工作-生活的平衡制度具有重要意义，在这方面的良好政策能够对其产生激励；95前认为报酬也是激励的一个重要因素，其中43.8%的95前认为高薪酬能够有效激励新入职年轻人，35.5%的95前则表达了对按劳分配的报酬制度对新入职年轻人激励作用的认可。总体而言，在95前眼中，晋升、工作-生活平衡以及报酬是激励新入职年轻人的三个最有效方面。

2. 95前认为公平的考核制度、自由灵活的用工制度、鼓励创新和试错的制度、有效的培训制度等激励效果一般

在95前眼中，公平的考核制度、自由灵活的用工制度、鼓励创新和试错的制度、有效的培训制度激励效果相差不大且较为一般，每项制度均有二成左右的95前认可了其对新入职年轻人的激励作用。

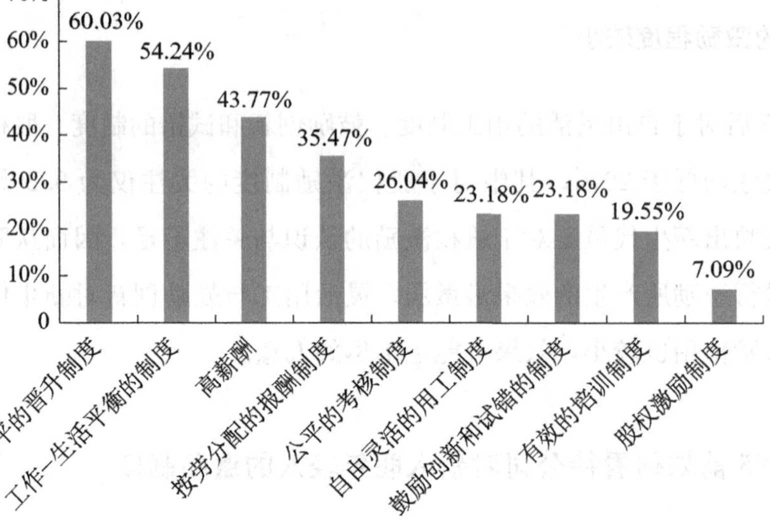

图 5-26　95 前对公司对新入职年轻人激励制度的看法

3. 95 前对股权激励制度的激励作用认可度最低

仅有 7.1%的 95 前认为股权激励制度能够对新入职年轻人产生激励作用，由此可见，95 前对该项制度的认可度较低。

（三）95 后与 95 前对公司对新入职年轻人的激励制度的看法差异

具体如表 5-9 所示。

表 5-9　95 后与 95 前对公司对新入职年轻人的激励制度的看法差异分析

	95 后排序	选择比例	95 前排序	选择比例
1	工作-生活平衡的制度	65.87%	公平的晋升制度	60.03%
2	高薪酬	62.42%	工作-生活平衡的制度	54.24%
3	公平的晋升制度	52.38%	高薪酬	43.77%
4	按劳分配的报酬制度	30.90%	按劳分配的报酬制度	35.47%
5	公平的考核制度	22.78%	公平的考核制度	26.04%

续表

	95后排序	选择比例	95前排序	选择比例
6	有效的培训制度	19.94%	自由灵活的用工制度	23.18%
7	自由灵活的用工制度	17.33%	鼓励创新和试错的制度	23.18%
8	鼓励创新和试错的制度	15.18%	有效的培训制度	19.55%
9	股权激励制度	5.29%	股权激励制度	7.09%

1. 95后与95前均最认可工作-生活平衡的制度、高薪酬、公平的晋升制度对新入职年轻人的激励作用

工作-生活平衡的制度、高薪酬、公平的晋升制度、按劳分配的报酬制度四项，是95后与95前公认的对新入职年轻人最有效的激励手段。虽然在大的方面能够达成共识，但在具体的排序上95后与95前还是存在一定差异，具体如下：

（1）95后认为工作与生活平衡的制度最能够产生激励作用，也就是说年轻人渴望工作与生活相对独立，在完成工作的同时能够不打扰日常生活，两者之间达到一个良性的平衡是95后最为关注的。而在95前眼中，最有效的激励制度应当是公平的晋升制度，也就是95前最关心的是自己的职业发展，最渴望的是良好、公平的晋升途径，在达到工作-生活的平衡之前更渴望职位的晋升。

（2）高薪酬在不同年龄段眼中“热度”不同。在95后眼中，高薪酬是仅次于工作-生活平衡的重要激励因素，在追寻工作-生活的平衡之外，新入职年轻人首先追求的就是更高的薪酬，对高薪酬的追求更在公平的晋升制度之上，有超过六成的95后表达了对高薪酬的青睐。而在95前眼中，认为高薪酬能够有效激励新入职年轻人的仅占四成，与公平的晋升制度相比有一定差距，新入职年轻人更为关注职业发展前途而不是仅仅将目光聚焦于薪酬。然而事实却是，对年轻人而言，高薪酬的吸引力远超公平的晋升制度。

2. 公平的考核制度、有效的培训制度、自由灵活的用工制度、鼓励创新和试错的制度对新入职年轻人激励效果一般

在95后眼中，公平考核与有效培训的激励效果一般，两成左右的95后认可这两项；灵活用工与鼓励创新对于新入职年轻人则效果更差，关注度均低于两成。在95前眼中，对灵活用工与鼓励创新的认可度均高于两成，可见95前认为灵活的用工方式与允许新员工创新、试错的工作氛围对新入职年轻员工而言具备一定吸引力。然而事实却不尽然，95前对于鼓励创新并不十分关注，对有效培训制度激励作用的发挥则有一定低估。

3. 股权激励制度在不同年龄段眼中均不具备良好的激励效果

95后认可股权对于新入职年轻人激励效果的仅占5.3%，95前的这一比例也仅为7.1%。所以在不同年龄段眼中，新入职年轻人对于股权并不十分关注与了解，通过股权对新生代员工进行激励效果可能并不理想。

三、员工对公司其他管理政策的看法分析

（一）员工对95后入职后工作价值观塑造问题的看法分析

在工作价值观塑造方面，本研究主要考察了不同年龄段对“95后的年轻人在入职几年后，会被公司的环境不断地影响和塑造，他们很快就会变成现在公司中那些‘老人们’的样子”这个问题的看法，并得出如下结论（见图5-27）。

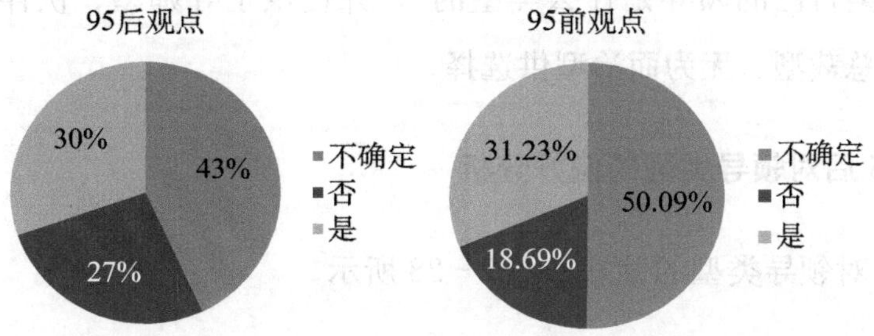

图 5-27　员工对 95 后入职后工作价值观塑造问题的看法

对比 95 后与 95 前的看法可以发现，两个年龄段均有三成左右认为 95 后在入职几年后工作价值观是能够被塑造的，会逐渐变成公司中“老人们”的样子。也就是说，无论是新入职的年轻群体，还是已在职的年长群体，都有约 1/3 的人确信年轻员工的工作价值观是能够在进入公司之后被改造的，在这一点上不同群体的看法差异不大。

差异体现在对 95 后入职后工作价值观可被塑造这一问题的否定上。95 后中 27%的人认为自身在进入公司后并不会被环境影响和塑造，能够保持工作价值观；而仅有 18.69%的 95 前认为 95 后进入公司后不会被塑造和影响，也就是说 95 后相信自身不会被改造的比例明显高于 95 前所认可的比例。原因可能是 95 前已经有了一定的工作经验，工作经历相较 95 后更为丰富，在职的时间也更长，他们可能已经经历了入职后工作价值观被影响和塑造这个过程，因而参考自身经历对这个问题持否定态度的比例下降；而 95 后资历尚浅，入职时间也比较短暂，可能难以察觉企业文化、规章等对工作价值观潜移默化的影响与改造，因而仍然对工作价值观稳固持有较强的自信。在这个问题上，95 前与 95 后有较明显的看法差异。

（二）员工对领导类型的偏好分析

这一部分主要考察不同群体对于领导类型的偏好。本研究提出的问题是“您希望自己的领导是什么类型的”，并提供了导师型、伙伴型、服务型、霸道总裁型、无为而治型供选择。

1. 95 后对领导类型的偏好分析

95 后对领导类型的偏好如图 5－28 所示。

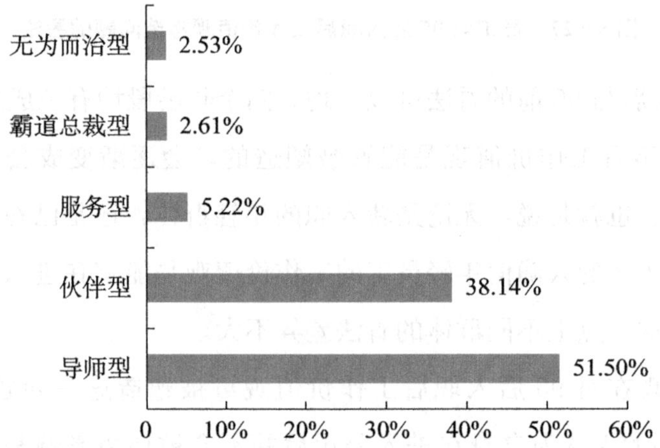

图 5－28　95 后对领导类型的偏好

（1）95 后最青睐导师型与伙伴型。就结果而言，95 后对领导类型是有明显偏好的，导师型与伙伴型是最受 95 后青睐的领导类型。超过半数的人（51.5％）希望自己的领导是导师型的，他们希望领导能传授经验、技能，更多地扮演一个老师的角色，帮助其适应职业生活，提升职业技能，更好地规划职业生涯。接下来最受 95 后欢迎的领导类型是伙伴型，38.14％的人表达了青睐，这一部分人更希望领导能够在自己的工作和生活中扮演朋友的角色，除了工作上的指导，还提供一些情绪价值，而非处于高高在上的指导地位。

（2）95 后对服务型、霸道总裁型、无为而治型不感兴趣。服务型、霸道总裁型与无为而治型被 95 后偏爱的程度明显下降，仅有 5.22％的人最希望自己的领导是服务型，而无为而治型与霸道总裁型被偏爱的程度均低于3%。对服务型偏爱程度较低可以看出95后还是更希望领导能够带给自己真实的帮助与支持，使自己获得真正的成长与进步。服务型虽然能够带给自身更小的压力与更加轻松便利的工作环境，但对自身成长所起到的作用可能不尽如人意，95后更愿意选择成长。霸道总裁型和无为而治型对95后而言并不具备实质上的吸引力。

2. 95后与95前对领导类型的偏好差异

（1）95前对领导类型的偏好分析。图5-29显示，95前最偏好的领导类型是导师型，有53.29%的人对此进行了选择，这意味着即使进入企业一定时间，员工仍然希望领导能够扮演一个导师的角色；有30.88%的人表达了对伙伴型的偏爱，也就是说，除了导师的身份，95前也希望能够与领导建立良好的个人关系，能够向朋友关系靠拢；服务型也受到95前一定程度的青睐，有9.08%的人表达了对服务型的认可，希望领导在工作中能够为下属服务，提供支持；最后，95前对无为而治型与霸道总裁型的关注度都较低，均为3%左右。

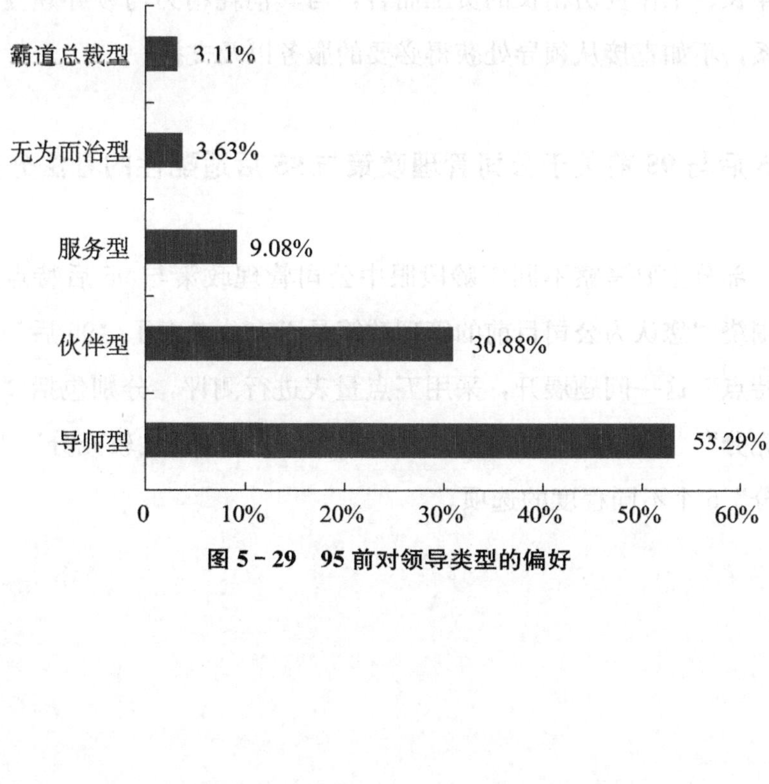

图5-29　95前对领导类型的偏好

(2) 95后与95前在领导类型偏好方面的异同分析。两个群体对于不同领导类型的偏好顺序是基本一致的：导师型均为最受青睐的领导类型，伙伴型紧随其后，对服务型也有一定的关注。这说明，不同年龄段、不同的职场工作时间对于员工领导类型偏好的改变影响不大，员工普遍比较接纳导师型，这种领导风格对个人职业生涯发展所发挥的积极作用一致受到认可，而希望领导在自己的工作中扮演一个朋友和服务者的角色也是一部分员工所期望的。在大致的偏好类型方面，95后与95前较为一致。

两个群体对领导类型偏好的差异主要体现在伙伴型和服务型上。对导师型、霸道总裁型与无为而治型领导的偏好程度两个群体基本一致。95后选择伙伴型和服务型的比例分别为38.14%和5.22%，而95前的这个比例则分别为30.88%和9.08%。虽然两个群体都认可伙伴型，但是有了一定的年龄阅历和工作经历后，对伙伴型的偏爱程度有所下降，对服务型的青睐反而有所上升。导致这一差异的原因值得进一步探究，年轻人可能更需要领导提供一些情绪价值，希望能够与领导建立相对平等的交流模式；而对于稍年长、工作资历稍长的员工而言，与其消耗精力与领导建立良好的个人关系，不如直接从领导处获得必要的服务以及支持。

（三）95后与95前关于公司管理政策与95后适配性的看法分析

这一部分主要考察不同年龄段眼中公司管理政策与95后特点的适配程度。围绕“您认为公司目前的管理政策是否充分考虑了‘95后’这些年轻人的特点”这一问题展开，采用五点量表进行测评，分别包括“考虑得非常不充分”“考虑得不太充分”“不太确定”“考虑得比较充分”“考虑得非常充分”5个不同程度的选项。

1. 95 后对于公司管理政策与自身适配性看法略显消极

由图 5－30 可以看出，24.64％的人认为公司管理政策考虑了自身特点，28.78％的人对该问题没有明确观点，32.85％的人认为公司管理政策没有很好地考虑自身特点，7.06％的人认为公司管理政策对自身特点考虑得非常不充分，而选择“考虑得非常充分”的人占比 6.68％，与认为“考虑得非常不充分”的占比基本持平。由此可见，95 后在公司管理政策与自身适配性这一问题上的看法略显消极。

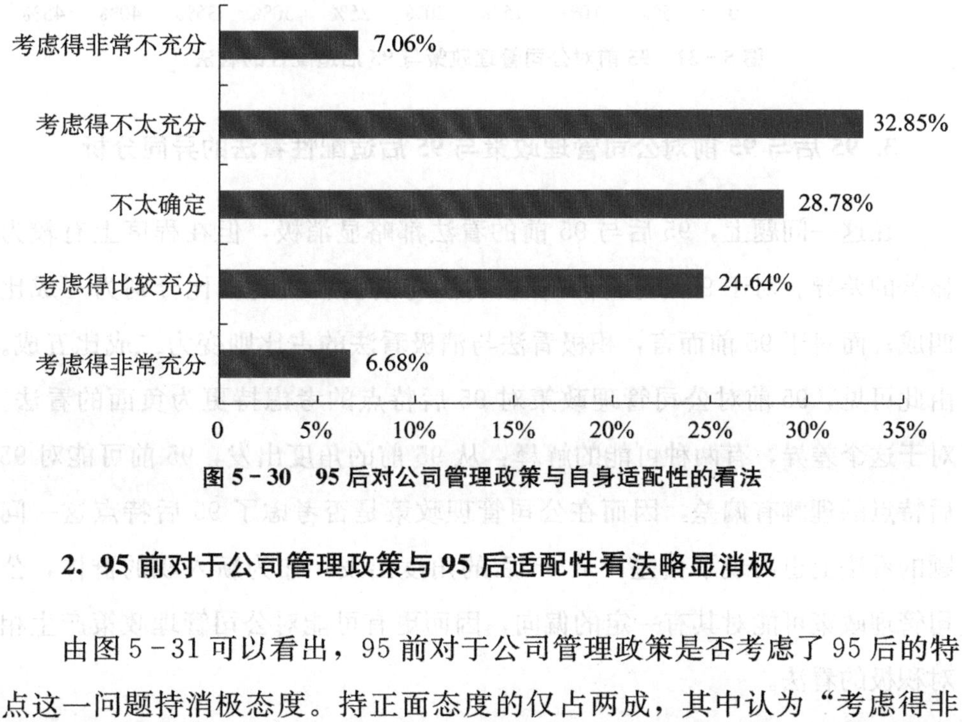

图 5－30　95 后对公司管理政策与自身适配性的看法

2. 95 前对于公司管理政策与 95 后适配性看法略显消极

由图 5－31 可以看出，95 前对于公司管理政策是否考虑了 95 后的特点这一问题持消极态度。持正面态度的仅占两成，其中认为“考虑得非常充分”的占比 3.37％，认为“考虑得比较充分”的占比 17.56％；而持负面态度的则有将近半数，其中认为“考虑得非常不充分”的占比 8.39％，认为“考虑得不太充分”的占比 41.35％。由此可见，具有一定年龄阅历与工作经验的员工认为公司管理政策没能很好地考虑 95 后的特点。

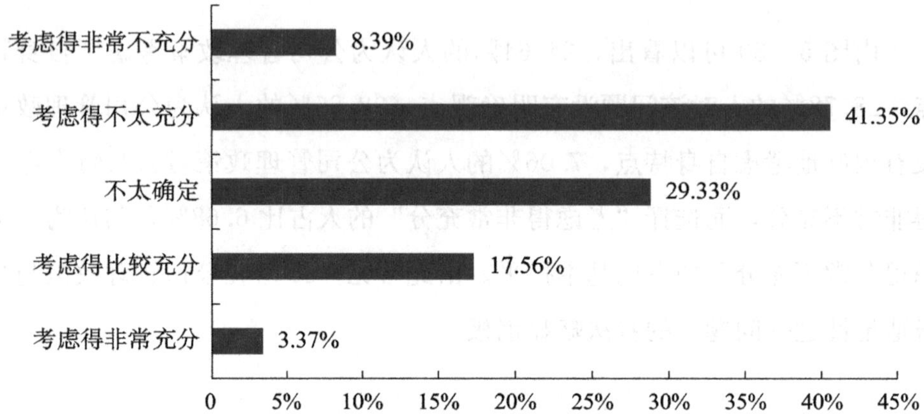

图 5－31　95 前对公司管理政策与 95 后适配性的看法

3. 95 后与 95 前对公司管理政策与 95 后适配性看法的异同分析

在这一问题上，95 后与 95 前的看法都略显消极，但在程度上有较为显著的差异。对于 95 后而言，积极看法与消极看法的占比分别为三成比四成；而对于 95 前而言，积极看法与消极看法的占比则变为二成比五成。由此可见，95 前对公司管理政策对 95 后特点的考虑持更为负面的看法。对于这个差异，有两种可能的解释：从 95 前的角度出发，95 前可能对 95 后特点的理解有偏差，因而在公司管理政策是否考虑了 95 后特点这一问题的看法上也出现了偏差；从 95 后的角度出发，作为新入职的群体，公司管理政策可能对其有一定的偏向，因而更有可能对公司管理政策产生相对积极的看法。

四、员工对公司管理政策的看法演变

本研究在 2022 年正式进行调查前，于 2020 年进行了一次预调查，被调查人员超过 5 000 人，具有一定规模，因而得到的结论也具有一定的参考性。预调查与正式调查之间存在一系列一致或相似的内容，且存在两年的时间间隔。为了更好地挖掘信息与提出更与时俱进的政策建议，我们对 2020 年与 2022 年不同群体对公司管理政策的看法进行对比，进而从中获取有价值的信息，具体分析如下。

（一）95 后对公司基本管理政策的看法演变

1. 95 后对创新政策的看法演变

95 后对创新政策的看法演变如表 5－10 所示。

表 5－10　95 后对创新政策的看法演变

管理政策	2020 年数据	2022 年数据
创新是好事，但创新时必须严格控制风险	41.16%	30.62%
管理政策应该鼓励创新，并适当宽容创新带来的失败	58.84%	69.38%

由对比结果可以看出，在对创新政策的看法上，经过两年的时间，95 后未发生很大变化，仍然是认可接纳创新失败的人高于认可风险控制的人，也就是说该群体仍然对创新持较积极态度，希望得到政策的鼓励与包容。但比例上存在一定差距，有 10 个百分点左右的波动，也就是说增加了两年工作经验后，95 后对创新的态度更加开放了，更关注对创新的尝试，而不是创新过程中风险的控制，他们在创新上更放得开手脚，因此更青睐更加包容的创新政策。

2. 95 后对个人利益政策的看法演变

95 后对个人利益政策的看法演变如表 5－11 所示。

表 5-11　95 后对个人利益政策的看法演变

管理政策	2020 年数据	2022 年数据
个人绩效考核与薪酬分配、职位晋升等涉及个人利益政策的公平、公正都是相对的，没有人为因素是不可能的	36.95%	40.21%
涉及个人利益的政策（如绩效考核、薪酬分配、职位晋升等）都用透明的制度和流程来管理，这会减少人为因素的干扰	63.05%	59.79%

对涉及个人利益政策的看法，两年的时间 95 后发生的改变不太明显。95 后依然认为与个人利益息息相关的绩效考核、薪酬分配与职位晋升等流程制度应透明化，以此来规避人为的干扰。但在比例上有约 3 个百分点的浮动，也就是说经过两年的职场锻炼，更多人认为涉及个人利益的政策人为因素是不可避免的。由此可见，工作年限的增长一定程度上使 95 后对人为因素干扰的接受度提高了。

3. 95 后对加班政策的看法演变

95 后对加班政策的看法演变如表 5-12 所示。

表 5-12　95 后对加班政策的看法演变

管理政策	2020 年数据	2022 年数据
公司应该通过管理和技术创新来提高整体业绩，而不能通过加班等消耗战来提高公司业绩	85.92%	90.33%
竞争对手也在不断地进行管理和技术创新，最后还是依靠加班来战胜竞争对手，加班也是一种吃苦耐劳的传统美德	14.08%	9.68%

95 后对于加班政策的看法一如我们的预期，绝大多数人（85%以上）都表达了对加班政策的排斥，这是容易理解的。而随着进入职场时间的增长，95 后对于加班政策的“深恶痛绝”有增无减，两年时间对加班政策不赞成的比例上涨了 5 个百分点左右，这说明工作年限越长，95 后对加班的排斥越甚。

4. 95后对工作-家庭平衡政策的看法演变

95后对工作-家庭平衡政策的看法演变如表5-13所示。

表5-13　95后对工作-家庭平衡政策的看法演变

管理政策	2020年数据	2022年数据
公司的管理政策应该更加注重工作-家庭平衡，不能只重视员工的工作，而不重视其生活	90.20%	93.25%
以事业为重才能在职场有所作为，工作与家庭保持平衡并没有那么重要，是一个人事业心不足的表现	9.80%	6.75%

对工作-家庭平衡政策的看法，不同阶段的95后较为一致，总体而言波动较小。绝大多数人（九成以上）表达了对工作-家庭平衡的关注：公司既要重视员工的工作，也要重视员工的生活。拥有两年工作经验后，这种对工作-家庭平衡的渴望存在小幅上涨。由此可见，工作-家庭平衡是95后始终关注的议题，并且随着时间的推移有缓慢上涨的趋势。

5. 95后对培训政策的看法演变

95后对培训政策的看法演变如表5-14所示。

表5-14　95后对培训政策的看法演变

管理政策	2020年数据	2022年数据
公司的培训政策考虑员工能力提升只是一方面，更要考虑让员工休闲放松等福利作用	19.97%	25.86%
公司的培训政策应该首先考虑提升员工能力，而不是为了培训而培训	80.03%	74.14%

对培训政策的看法，不同阶段的95后略有差异。总体而言，大多数人（八成左右）认为培训应该落到实处，能真正提升员工能力，而不能为了培训而培训。随着工作经历的丰富，95后对培训政策的休闲放松作用表

现出一定的青睐，对培训政策休闲放松福利作用的渴望上浮了 6 个百分点左右。由此可见，工作年限的增长使 95 后更认可即使是培训，也要带来一些轻松的附加价值。

6. 95 后对离职的看法演变

95 后对离职的看法演变如表 5 - 15 所示。

表 5 - 15　95 后对离职的看法演变

管理政策	2020 年数据	2022 年数据
公司与员工之间是基于合同的契约关系，即使频繁离职也是他的个人选择，不应受到道义谴责	46.78%	36.99%
员工应对公司有忠诚度，这样有利于个人与公司共同成长，因此频繁离职是忠诚度不足的体现，对个人发展来说也不明智	53.22%	63.01%

对离职的看法，不同阶段的 95 后出现了一些差异。在 2020 年的调查中，95 后对于离职的看法是比较均衡的，两种看法基本各占五成。而经过两年的时间，95 后在职场积累了更丰富的工作经历，对工作有了更直接的体验，其对离职的态度偏向了更加保守的方向——有 63%的人认为离职行为不算是明智之举，这说明工作经历的增长使 95 后对离职问题宽容的心态减少，工作的稳定被更多 95 后追捧。

7. 95 后对“老同志”摆老资格问题的看法演变

95 后对“老同志”摆老资格问题的看法演变如表 5 - 16 所示。

表 5 - 16　95 后对“老同志”摆老资格问题的看法演变

管理政策	2020 年数据	2022 年数据
公司的“老同志”摆摆老资格也没有关系，毕竟他们年龄大，经验也丰富	22.67%	18.11%

续表

管理政策	2020 年数据	2022 年数据
公司的“老同志”不应该摆老资格，大家都是平等的工作关系	77.33%	81.89%

对“老同志”摆老资格问题，95 后抱有比较负面的看法，七成以上人认为“老同志”不应该摆老资格。不同阶段的 95 后对这一问题的看法基本一致，但两年后的数据显示 95 后对这种行为的排斥程度加大了，上浮了大概 4 个百分点。95 后目前在职场中仍然属于资历较浅的群体，进入职场后可能更容易受到“老同志”的影响，因而工作经历的增长使 95 后对这种行为更加排斥。

8. 95 后对办公室政治问题的看法演变

95 后对办公室政治问题的看法演变如表 5－17 所示。

表 5－17　95 后对办公室政治问题的看法演变

管理政策	2020 年数据	2022 年数据
这种现象是不正常的，要坚决反对，至少不能参与	47.15%	48.12%
这种现象是一种常见的客观存在，难以消除，因此要积极适应	52.85%	51.88%

95 后对公司基本管理政策的看法演变中，对办公室政治问题看法的变化幅度最小，2020 年的样本与 2022 年的样本在比例上基本保持一致。认为办公室政治是不正常现象、坚决不能参与的比例与认为办公室政治难以消除、需要积极适应的比例基本一致，均占五成左右，这说明对职场的深入和工作经历的丰富并没有改变 95 后对办公室政治问题的看法，仍然分为旗帜鲜明的两派。

从上述分析可以看到，95 后对公司基本管理政策的看法在两年中并没有随着对职场了解的深入与工作经历的丰富而发生颠覆性的变化，总体上具有一定的稳定性。虽然观点倾向没有显著变化，但是在选择的比例上还是出现了一定的波动，其中变化最大的是对创新政策与离职的看法，均出现 10 个百分点左右的浮动。在创新政策方面，具备了两年工作经验后，95 后对创新持有更加开放的态度，希望组织鼓励包容对创新的尝试，而不是一味地控制风险、限制创新；在离职方面，随着工作年限的增长，95 后表现出更偏好稳定工作的倾向，也就是对频繁离职持负面态度的比例有明显增加。除上述两方面外，更长时间的工作经历还带来了 95 后对公司章程、制度中人为因素影响的接纳，对加班与“老同志”摆老资格更加反感，对工作-家庭平衡更加渴望，也更追求培训活动附加价值。在这几个方面虽然变化幅度不显著（基本在 3～6 个百分点），但隐约能够识别出 95 后在这些方面存在一些变化，真正的职场经历使 95 后的一些看法发生了潜移默化的改变。

（二）95 后对公司激励制度的看法演变

总结了 95 后对公司基本管理政策的看法演变后，我们将目光转向公司激励制度，探索在公司激励制度上 95 后的看法是否随着时间的迁移发生改变（见表 5－18）。

表 5－18　95 后对公司激励制度的看法演变

序号	公司激励制度	2020 年数据	2022 年数据
1	工作-生活平衡的制度	53.52%（2）	65.87%（1）↑
2	高薪酬	49.34%（3）	62.42%（2）↑
3	公平的晋升制度	57.86%（1）	52.38%（3）↓
4	按劳分配的报酬制度	33.58%	30.90%
5	公平的考核制度	29.67%	22.78%↓

续表

序号	公司激励制度	2020 年数据	2022 年数据
6	有效的培训制度	25.70%	19.94%↓
7	自由灵活的用工制度	17.38%	17.33%
8	鼓励创新和试错的制度	15.49%	15.18%
9	股权激励制度	7.75%	5.29%

由表 5-18 可以发现，95 后对公司激励制度的偏好总体变化不大，具有一定的一致性。在 2020 年与 2022 年的调查中，最吸引 95 后的 3 项均是工作-生活平衡的制度、高薪酬与公平的晋升制度，但排序略有不同，其余 6 项的排序则保持完全一致，说明两年的时间并没有使 95 后对激励制度相对重要性的认识发生显著变化，具体分析如下。

1. 95 后最认可的 3 项激励制度的演变

虽然两次调查中 95 后最认可的 3 项激励制度的内容是一致的，但对工作-生活平衡的制度与高薪酬两项的偏爱程度发生了较为明显的上浮。首先，经过两年的职场生活，95 后对工作-生活平衡的制度的偏好由 53.5%上涨到 65.9%，涨幅达到 12 个百分点，这说明随着工作时间的增加，95 后越来越受到工作-生活平衡问题的困扰，因而对工作-生活平衡的制度更渴望。其次，高薪酬在两年中也由 49.34%上涨到 62.42%，涨幅约为 13 个百分点，这说明高薪酬对 95 后始终具有较高的吸引力，并且随着工作经验的增长，高薪酬越来越成为 95 后追求的内容。然而，公平的晋升制度在两年的时间内地位却有所下降，由原来的首位下降到第三位，偏好程度也有了 5 个百分点的下降。也就是说，初入职场时晋升是 95 后最为关注的内容，公平的晋升制度是其认为对自己最有激励作用的政策；然而经过两年的工作，95 后对公平晋升的追求已经落后于对工作-生活平衡与高薪酬的追求，意味着工作时间越久，95 后眼中晋升产生的激励作用越不如工作-生活平衡与高薪酬。

2. 工作经历的增长使95后对部分激励制度的"兴趣"下降

虽然对工作-生活平衡的制度与高薪酬激励作用的认可有了明显上升，但是对其余的激励制度95后却更不看重，其中下降幅度最大的是公平的考核制度与有效的培训制度。经过两年的时间，95后对两者激励作用的认可程度分别下降了7个百分点和6个百分点，这说明对职场的进一步了解使95后对考核与培训的期待程度有所下降。此外，除了前述公平的晋升制度，95后对按劳分配的报酬制度与股权激励制度的看重程度也略微向下波动（有2个百分点左右的下降），这说明对报酬制度与股权制度激励作用的发挥95后越来越持保守态度。

总体来说，通过对2020年与2022年数据的对比，我们可以捕捉到：在对公司激励制度的偏好方面，95后越来越现实并且越来越聚焦。具体而言，首先，95后对工作-生活平衡的制度与高薪酬的看重超过了原先最受关注的公平的晋升制度。这说明随着工作经历的丰富95后变得更加务实，更好地平衡工作与生活，以及通过工作换取更好的物质条件成为他们首先追求的内容。其次，除了对上述两项的偏好有明显上升外，对其余各项的偏好都出现了程度不一的下降。这说明经过两年的职场生活，95后对自己想要什么有了更加清晰的认识，他们摸索出了自己最为关心的内容，认可该方面政策对自己的激励作用；对其他制度如晋升、考核、培训等的激励作用的认可出现了一定程度的下降，意味着95后将目光放在特定的一些制度上，从而对其他制度更"不关心"了。这也符合我们的认知：工作经历越丰富，对职场生活中的自己就越了解，从而对政策制度的关心也越具针对性。

（三）95后对公司其他管理政策的看法演变

对比了2020年与2022年调查的95后对公司基本管理政策与激励制度

的看法后，我们对 95 后在两年时间里有关职场生活的相关看法演变有了一定的了解。本部分我们将补充一些 95 后对公司其他管理政策的看法对比，以更好地捕捉 95 后的看法演变。

1. 95 后对其入职后工作价值观塑造问题的看法演变

两次调查 95 后的作答结果如图 5-32 所示。

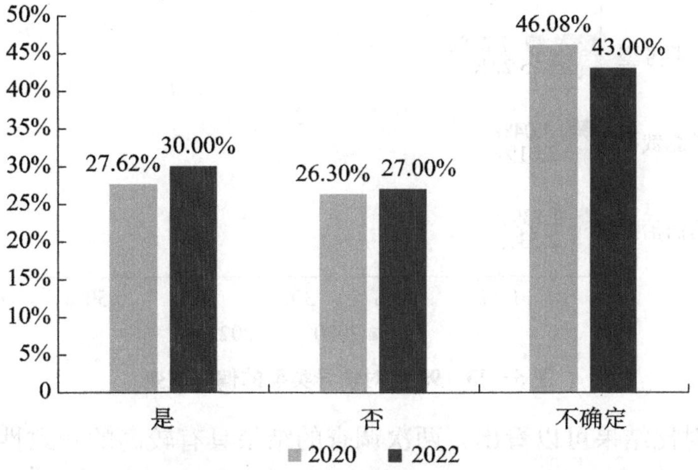

图 5-32　95 后对其入职后工作价值观塑造问题的看法演变

根据对比结果可以看出，两年的数据差异并不是十分显著。对于自身入职后工作价值观是否会被逐渐影响与塑造这一问题，持明确肯定态度与明确否定态度的 95 后旗鼓相当，基本均占三成，而对这一问题持中立态度的则占四成左右，说明两年的职场生涯并没有使 95 后的看法发生颠覆性的变化。但我们可以捕捉到一个细节：从 2020 年和 2022 年的调查结果可以看出，95 后对这一问题持中立态度的比例下降了 3 个百分点，而这 3 个百分点基本增加到了对这一问题的肯定态度上。这说明，工作经验的积累使 95 后慢慢向其工作价值观会被公司环境慢慢影响与塑造的认知上倾斜。

2. 95 后对领导类型的偏好演变

两次调查 95 后的作答结果如图 5－33 所示。

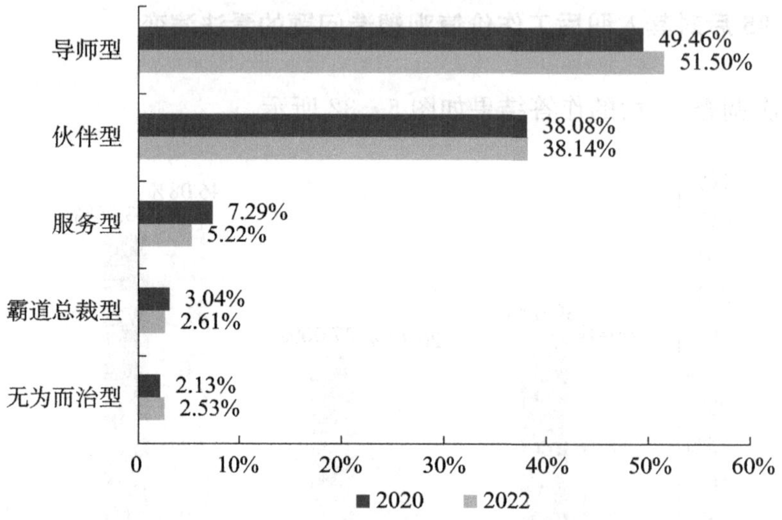

图 5－33　95 后对领导类型的偏好演变

根据对比结果可以看出，两次调查的结果具有较高的一致性。95 后对领导类型的偏好较为稳定，最受青睐的领导类型是导师型与伙伴型。在 95 后眼中，导师与朋友是除了上级身份外，最希望其领导扮演的角色，这一点并没有随着工作年限的增长或工作经验的积累而发生变化。其中对导师型的偏好有轻微上浮，对服务型的偏好出现了相应下降，对其他领导类型的偏好则基本持平。总结而言，95 后对领导类型的偏好是鲜明且稳定的。

3. 95 后对公司管理政策与自身适配性的看法演变

两次调查 95 后的作答结果如图 5－34 所示。

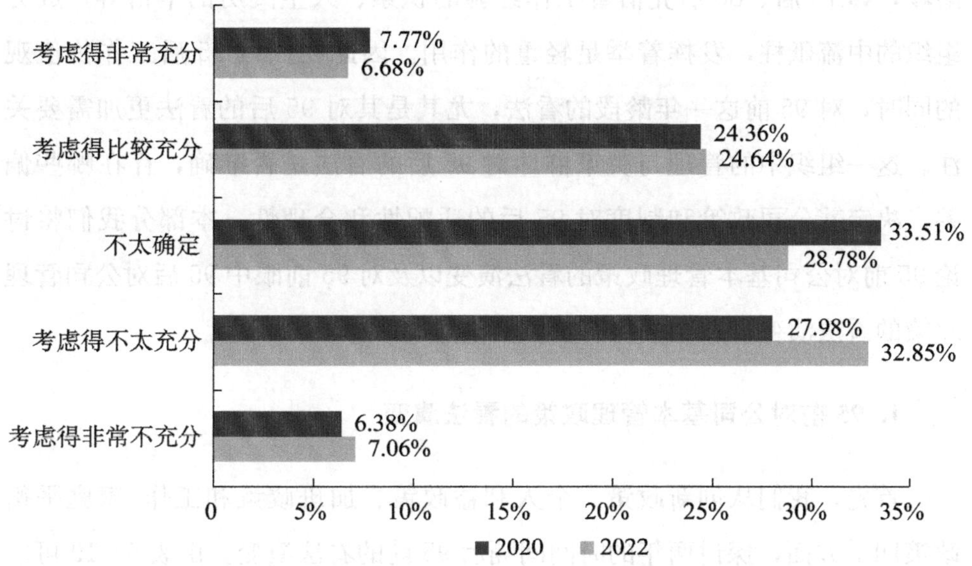

图 5－34　95 后对公司管理政策与自身适配性的看法演变

根据对比结果，在职业生涯推进了两年后，95 后对公司管理政策与自身适配性的看法发生了可见的变化。认为政策适配的比例较为稳定，在两次调查中均占三成左右；但 2022 年的调查结果显示，对于这一问题持模棱两可态度的群体有了 5 个百分点的减少，而这 5 个百分点几乎都转移到了考虑得不太充分上，也就是说随着职场生活年限的增长，一部分 95 后察觉到了公司管理政策对其特点的考虑不够充分，认为在适配上还有待提高。

(四) 95 前对公司管理政策的看法演变

随着受教育程度的普遍提高，95 后进入职场的时间出现了相应的推迟，因此截至报告写就之时，95 后中的大多数仍处于初入职场的适应阶段或者仅具有较短的工作年限，但其作为企业或组织的新生力量，无疑扮演着重要角色，对其工作价值观的探究十分重要。与此同时，95 前的部分年龄段，如70后、80后凭借着工作经验的积累、人生阅历的丰富等，成为组织的中流砥柱，发挥着举足轻重的作用。因此在探索95后工作价值观的同时，对95前这一年龄段的看法，尤其是其对95后的看法更加需要关注。这一组织中的管理与决策群体对95后的看法是否准确，存在哪些偏差，决定着公司政策和制度对95后的适配性和合理性。本部分我们将讨论95前对公司基本管理政策的看法演变以及对95前眼中95后对公司管理政策的看法演变，从中捕捉有价值的信息。

1. 95前对公司基本管理政策的看法演变

首先，我们从创新政策、个人利益政策、加班政策和工作-家庭平衡政策四个方面，探讨两年的时间间隔后95前的看法演变。由表5-19可以看出，95前在创新政策和个人利益政策方面发生了一些较为显著的变化。在创新政策方面，95前对创新的态度更为开放，认为应鼓励创新的占比由56.69%上升到71.63%；在个人利益政策方面，95前则表现出对人为因素影响的进一步妥协，认为人为因素在涉及个人利益的政策（如绩效考核、薪酬分配、职位晋升等）中不可避免的占比由33.6%上升到48.36%；在加班政策方面，95前对加班的厌恶程度进一步上升，由86.33%上升到91.26%，这说明对不同年龄段来说，对加班政策的包容性都是逐渐降低的；在工作-生活平衡政策方面，95前在两年的时间内并没有发生明显的变化。

表5-19　95前对公司基本管理政策的看法演变1

	管理政策	2020年数据	2022年数据
创新政策	创新是好事，但创新时必须严格控制风险	43.31%	28.37%
	管理政策应该鼓励创新，并适当宽容创新带来的失败	56.69%	71.63%

续表

	管理政策	2020年数据	2022年数据
个人利益政策	个人绩效考核与薪酬分配、职位晋升等涉及个人利益政策的公平、公正都是相对的，没有人为因素是不可能的	33.60%	48.36%
	涉及个人利益的政策（如绩效考核、薪酬分配、职位晋升等）都用透明的制度和流程来管理，这会减少人为因素的干扰	66.40%	51.64%
加班政策	公司应该通过管理和技术创新来提高整体业绩，而不能通过加班等消耗战来提高业绩	86.33%	91.26%
	竞争对手也在不断地进行管理和技术创新，最后还是依靠加班来战胜竞争对手，加班也是一种吃苦耐劳的传统美德	13.67%	8.74%
工作-家庭平衡政策	公司管理政策应该更加注重工作-家庭平衡，而不能只重视员工的工作，而不重视其生活	90.44%	91.26%
	以事业为重才能在职场有所作为，工作与家庭保持平衡并没有那么重要，是一个人事业心不足的表现	9.56%	8.74%

随后，我们从培训政策、离职、“老同志”摆老资格问题与办公室政治问题四个方面分析95前的看法演变。由表5-20可以看出，两年工作经验的增加并没有使95前的看法发生比较明显的变化。对培训政策、离职以及办公室政治问题的看法，2022年的调查结果与2020年的调查结果相差不大，95前的看法仅有5个百分点左右的浮动。对“老同志”摆老资格问题，95前则表现出了更加不能容忍的态度。2020年时，95前对这种现象仅有21%的接纳度；到了2022年，这一比例下降至13%。这说明随着工作资历的增加，“老同志”摆老资格问题越发不能被95前接纳。

表 5-20　95 前对公司基本管理政策的看法演变 2

	管理政策	2020 年数据	2022 年数据
培训政策	公司的培训政策考虑员工能力提升只是一方面，更要考虑让员工休闲放松等福利作用	22.85%	19.90%
	公司的培训政策应该首先考虑提升员工能力，而不是为了培训而培训	77.15%	80.10%
离职	公司与员工之间是基于合同的契约关系，即使频繁离职也是他的个人选择，不应受到道义上的谴责	51.24%	56.66%
	员工应对公司有忠诚度，这样有利于个人与公司共同成长，因此频繁离职是忠诚度不足的体现，对个人发展来说也是不明智	48.76%	43.34%
“老同志”摆老资格问题	公司的“老同志”摆摆老资格也没有关系，毕竟他们年龄大，经验也丰富	21.13%	12.89%
	公司的“老同志”不应该摆老资格，大家都是平等的工作关系	78.87%	87.11%
办公室政治问题	这种现象是不正常的，要坚决反对，至少不能参与	49.57%	43.17%
	这种现象是一种常见的客观存在，难以消除，因此要积极适应	50.43%	56.83%

总体而言，在时隔两年的调查中，95 前对公司基本管理政策，如创新政策、个人利益政策以及“老同志”摆老资格问题相较之前，发生了能够明显观察到的偏好变化（比例浮动 10 个百分点上下），而在其余几个方面看法的变化相对较小，保持一定的稳定性。这说明，相较 95 后，95 前虽然有较长的工作年限，但对公司的管理政策和一些职场现象的态度与偏好也不是一成不变的，随着工作经历的持续丰富，其偏好仍然会发生偏移。对此进行捕捉，能帮助我们更好地理解工作价值观的演变。

2. 95 前眼中 95 后对公司管理政策的看法演变

接下来我们将目光转向 95 前对 95 后的看法演变上，主要聚焦于 95 前对 95 后对公司激励制度与部分其他管理政策的看法演变上，具体调查结果与分析如下。

(1) 95 前眼中 95 后对公司激励制度的看法演变（见表 5-21)。

表 5-21　95 前眼中 95 后对公司激励制度的看法演变

序号	公司激励制度	2020 年数据	2022 年数据
1	公平的晋升制度	55.59%（2）	60.03%↑（1）
2	工作-生活平衡的制度	58.46%（1）	54.24%（2）
3	高薪酬	45.84%	43.77%
4	按劳分配的报酬制度	37.95%	35.47%
5	公平的考核制度	31.88%	26.04%↓
6	自由灵活的用工制度	14.15%（8）	23.18%↑（6）
7	鼓励创新和试错的制度	16.01%	23.18%↑
8	有效的培训制度	22.42%（6）	19.55%（8）
9	股权激励制度	5.69%	7.09%

由表 5-21 可以看出，两次调查中，95 前对哪些制度能够较好地激励 95 后的判断是较为稳定的，对 9 项激励制度的整体排序及选择比例都未出现较大差异。2020 年的数据中，95 前眼中对 95 后最具激励作用的制度是工作-生活平衡的制度；而 2022 年的数据中，公平的晋升制度则超过了工作-生活平衡的制度，成为 95 前眼中对 95 后进行激励的最有力工具。这说明随着 95 后进入职场，其工作表现或态度使 95 前认为其对晋升的热忱超过了对工作-生活平衡的追求。

此外，在 95 前眼中，自由灵活的用工制度以及鼓励创新和试错的制度在激励 95 后中发挥的作用有了提高，对其表达肯定的比例分别上涨了 9 个百分点和 7 个百分点，说明在职场中与 95 后的接触使 95 前认为 95 后对灵活用工和鼓励创新的环境更为期待。而在公平的考核制度方面，95 前认为其能够对 95 后发挥较好激励作用的比例则由 31.9%下降到了 26%，说明在 95 前眼中，95 后对考核的关注没有预期的高，该方面的政策可能难以发挥他们之前认为的激励效果。

总体而言，随着95前与95后共事的时间更久，95前对95后有了更加清晰的认识，但95前在公司激励制度方面对95后的看法没有发生较为明显的变化，只是其中部分制度激励作用的发挥95前认为超过或不如预期，因而在选择上发生了一定变化。

（2）95前眼中95后对公司其他管理政策的看法演变。接下来我们对95前眼中95后入职后工作价值观塑造问题、领导类型偏好以及公司管理政策与95后的适配性进行探索，探究在两年的时间里其观点是否发生了变化以及发生了怎样的变化。

首先，我们探讨95前对95后入职后工作价值观塑造问题的看法演变。两次调查95前的作答结果如图5－35所示。

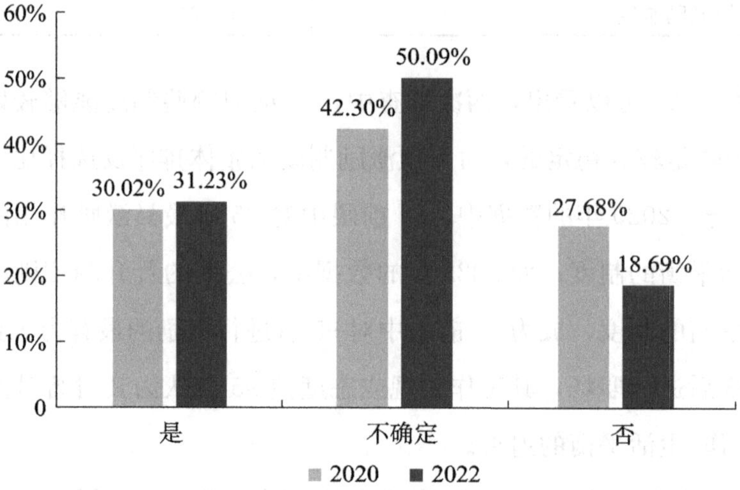

图5－35　95前对95后入职后工作价值观塑造问题的看法演变

根据对比结果，95前在95后入职后工作价值观是否会被塑造或同化这一问题上的看法还是有所“软化”的。两年的调查中，对这一问题持完全肯定态度的比例几乎持平，均为总体的三成，说明一直有三成的95前认为95后入职后工作价值观一定会被塑造或同化。产生差异的结果体现在对这一问题持模棱两可态度和否定态度的占比上：持完全否定态度的占比由 27.7%下降到 18.7%，而持不确定态度的占比由 42.3%上升到 50.0%，说明 95 前对 95 后工作价值观的不可塑造性产生了松动，有 8%左右对这一问题松了口，态度由原先的不可塑造转变成不确定。出现这一现象的原因可能是，在与他们相处的两年时间里，95 前看到了 95 后入职后工作价值观潜移默化的改变过程，从而认为它并不是在工作过程中一成不变的。

其次，我们探讨 95 前对公司管理政策与 95 后适配性的看法演变。两次调查 95 前的作答结果如图 5－36 所示。

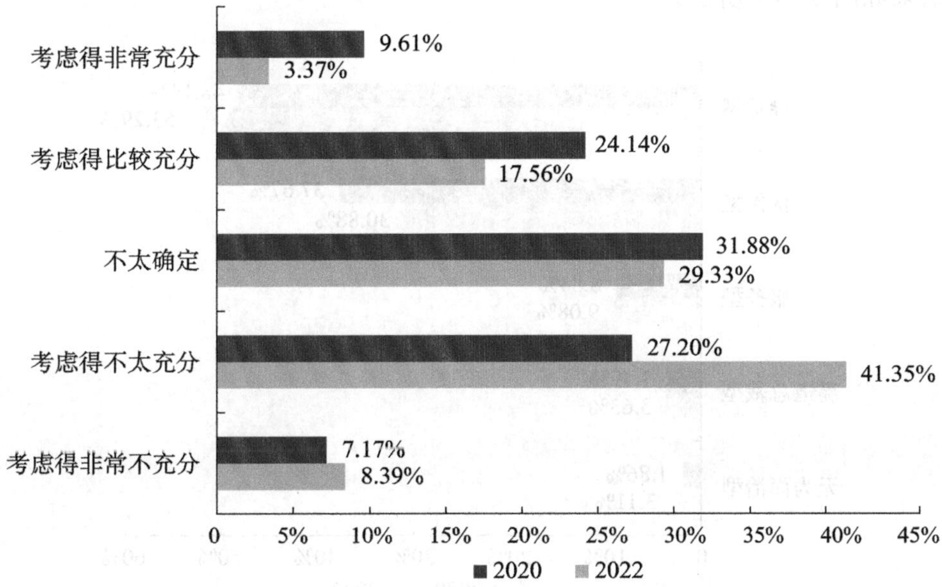

图 5－36　95 前对公司管理政策与 95 后适配性的看法演变

根据对比结果，95 前对公司管理政策与 95 后适配性的看法存在较为显著的差异。2020 年的数据中，认为考虑得非常充分的占比 10%左右，认为考虑得比较充分的占比 24.1%，认为考虑得不太充分的占比 27.2%；然而在 2022 年的数据中，认为考虑得非常充分的仅占比 3.37%，认为考虑得比较充分的占比下降到 17.56%。与此同时，认为考虑得不太充分的占比上涨到 41.35%，这一占比的上涨都是由原本对这一问题持较为积极态度的95前转化而来的。总结而言，在2020年的数据中，持认可态度与否定态度的占比各三成，观点比较均衡；而在2022年的数据中，持消极态度的占比上涨到五成，而持积极态度的占比则下降到两成，说明在这一问题上95前发生了较具颠覆性的变化。导致这一问题的原因可能是，95后入职两年后与公司管理政策进行磨合的表现，或公司管理政策对95后特点的考虑暴露出许多不足，使95前对这一问题持有越发消极的态度。

最后，我们探讨95前对领导类型的偏好演变。两次调查95前的作答结果如图5-37所示。

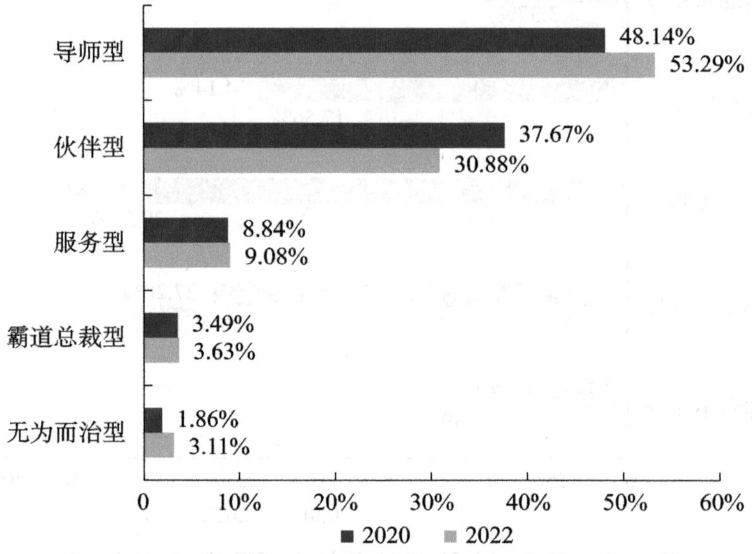

图5-37 95前对领导类型的偏好演变

由于调查时问题内容的限制，我们没有办法分析95前眼中95后的领导类型偏好，因此这部分我们将对95前自身对领导类型的偏好演变进行粗略分析。从数据来看，在时隔两年的两次调查中，95前对领导类型的偏好相对比较稳定，其中发生较为明显变化的是对导师型与伙伴型的偏好，前者上升了5个百分点左右，而后者则降低了7个百分点左右。这是一个有趣的现象，随着时间的推移，95前对导师型反而越来越青睐，相比于伙伴角色，95前更希望其领导扮演导师的角色。这与我们的认知略有出入，95前在组织中工作已经有一定年限，具备一定工作经验，通常来说，其可能对伙伴型比导师型更为适应。出现与我们预期有所出入的结果，可能与95前样本的年龄分布有关。

第六部分　对策与建议

一、针对95后工作价值观的对策与建议

（一）基于95后当前工作价值观的对策与建议

本研究主要通过问卷调查的方式对95后工作价值观的状况进行了详细分析，得出了一系列有价值的发现。95后工作价值观呈现出一定的规律性，应当结合95后的特点，在对其诉求有所了解的基础上提供有针对性的帮助与支持。根据本研究所得出的规律，我们提出以下对策与建议。

1. 培训助力职业成长

首先，根据问卷数据分析结果，95后最看重的工作价值观是“学习与成长的机会”。95后作为新生代员工，对自身的学习机会和职业成长非常重视。在工作中，他们喜欢追求有挑战性的工作，希望能够收获成长与进步，厌恶一成不变、机械性的工作内容。这主要是由于95后是受科技和

移动互联网影响最深的一代，在成长过程中经常接触新鲜事物，也享受新科技带来的各种便捷和乐趣，由此造就了较强的学习与成长需求。大部分95后长期处在学习之中，学习已经成为一种习惯，并一直保持到工作之后。信息爆炸的互联网时代造就了95后较强的学习能力，也养成了他们“终生学习”的观念。因此，相对于薪酬他们更看重晋升的机会、梦想的实现。95后的眼光更加长远，重视企业是否能帮助自己成长，是否能通过培训不断提升自己（都雨朦，2022）。据此，我们提出如下对策与建议：企业应致力于与员工工作价值观相“和谐”，帮助员工进行职业生涯规划，提供给95后更多的学习与成长机会（杨丽伟，2021）。具体来说，企业可以借助在岗新生代员工培训、轮岗等方式满足员工学习与成长的需要，帮助员工获得新技能，实现经验积累与成长，有效提高成就感与工作满意度。企业也可以为新生代员工增设一些有利于职业发展的新途径，帮助其实现个人价值。

2. 优化薪酬与绩效制度

95后最看重的工作价值观中排名第二的是“薪酬与福利保障等物质回报”。虽然研究发现95后的工作价值观倾向于多元化，不再以赚钱为第一目的和唯一目的，但是“薪酬与福利保障等物质回报”因素仍然是95后看重的工作价值观。薪酬待遇属于“保健因素”，任何代际的员工都会具有这种“经济人”价值观特征，因此物质回报和利益驱动在新生代员工的工作价值观中同样占据非常重要的地位。据此，我们提出如下对策与建议：企业在激励员工时仍不能忽视基本的物质激励。企业可以从工资、资金及各种福利入手，对新生代员工进行激励与鼓舞。令人满意的物质回报建立在公平合理的工资结构基础上，公平合理的物质回报能够持续激发员工的潜在工作热情。企业应总揽全局，优化工资结构和绩效考核制度，同时重视福利保障等非薪酬激励因素。

3. 构建和完善关系网络

95 后最看重的工作价值观中排名第三的是“工作中具有良好的人际关系”。95 后的工作价值观一定程度上具有中国特色，受集体主义价值观及意识形态影响，员工特别关注社会关系，即使是新生代员工也很重视职场中的关系。据此，我们提出如下对策与建议：企业应当在组织内构建和完善关系网络。良好的关系网络促进新生代员工与组织内其他成员良好沟通、信息共享，最终促成良好的人际关系。同时，对社会技能较低的员工，可通过相关培训，为有效实施各类人际影响行为提供条件（卢纪华，陈丽莉，赵希男，2013），但是要避免非正常关系网络的滋生。

4. 减少不重要因素的投入

95 后最不看重的工作价值观包括“单位的名气大，为以后跳槽提供良好的背书”“工作比较体面，让父母和周围的亲戚朋友看重我”“拥有较大的权力”。95 后对于单位名气、工作体面性和权力的渴望不太强烈，而是对自身利益、学习成长和人际关系比较看重。这启示管理者在激励新生代员工时，应减少对这些因素（单位名气、工作体面性、权力）的重视程度，而增加在成长机会、薪酬和人际关系等方面的投入。

（二）基于 95 前与 95 后工作价值观的看法差异与演变的对策与建议

2022 年的调查详细收集了 95 后与 95 前眼中不同年龄段是如何看待 95 后工作价值观问题的，这为我们提供了非常便利的对比条件。在分析了 95 后当前的工作价值观状况后，我们也对 95 后与 95 前的看法进行了比较，从中得到了一些有价值的结论。基于此，本研究对公司的管理提出以下对策与建议。

1. 95前对95后群体存在的刻板印象须引起重视

从95后对自身工作价值观的评价与95前对95后工作价值观的评价对比来看，目前95前对95后的认知仍然存在一些刻板印象。95前眼中95后仍然是一个追求舒心办公环境、希望工作中能够自由独立、工作轻松且有足够的时间休闲娱乐的群体。这可能是由于相比95前的成长环境，95后显然更为优渥，家庭、社会、国家都为其提供了更为便利与丰富的资源。因而在95前眼中，相比自身，95后更像是被“娇养”起来的一代，相比在工作中承担责任、刻苦奋斗，其更希望即使进入职场，在工作中也能够尽量感到舒适。然而，实际上95后在工作中对学习与成长、物质回报和人际关系这些实在的内容最为关注，尤其学习与成长的机会是95后看重的内容。

因此，95前对95后的刻板印象有必要引起组织管理者的重视。70后、80后作为组织的中流砥柱，其对95后工作价值观的认知能够影响相关政策的制定，而后续政策的落实又势必影响95后的工作体验甚至改变其工作价值观。基于上述原因，95前必须摘掉对95后的有色眼镜，认真了解或调查95后的工作价值观，有针对性地提出相应的管理政策与制度，而不能仅凭自身以往的经验或主观的认知对95后的工作价值观进行界定。

2. 95后的特殊需求须给予特别关注

在对比95前眼中95后的工作价值观与95后实际的工作价值观时，我们发现对“退休后的生活有保障”这项内容95前的判断与实际相差最大。在95前眼中，退休后的生活是95后在20项工作价值观中最不关注的内容；然而在95后自己的评价中，退休后的生活排在了第5位。导致这一问题的原因可能是：在95前看来，95后是刚进入职场的一代，其职业生涯刚刚起步，至少还有30～40年的职业生命，完全没有必要在刚刚进入职场时就开始考虑退休问题。而对于95后来说，这一代对其父母退休后的生活有比较直观的感受，不同单位的待遇差别与下岗等使95后的父母在退休待遇上千差万别，因此即使是刚入职，退休后的待遇也成为他们较为关心的问题。同时，初入职场以及时代发展、行业内卷等无疑都给95后带来不同于校园的巨大压力，对未来退休后生活的规划畅想能够作为95后消减压力的方式，退休后仍然能够保有良好稳定的生活也成为95后工作的一个长远目标。因此这一项对95后而言具有重要意义，然而这一点却没有被95前捕捉到。

考虑到95后的这一特点，公司的管理层应该对95后对退休后生活的关注加以考虑，在日常的招聘、培训、福利待遇、文化渲染等方面都进行相应的强调，该方面的良好待遇能够带给95后额外的激励。对退休后生活的关注也体现了95后对稳定有保障的生活的向往，因此除直接在退休政策方面努力之外，还可以通过管理方式、制度政策的制定等方面使95后相信组织能够长期为其提供良好的薪酬福利待遇，并对其未来退休后的生活提供有力支持。

3. 需增强不同代际的沟通与了解

通过对95后与95前的调查数据进行多方面的对比本研究发现，95后对95前工作价值观的判断和95前对95后工作价值观的判断，比95后与95前这两个群体实际的工作价值观差异都要大。这个结果的出现是有迹可循的，毕竟是从自己的眼光出发去判断另一个群体的工作价值观，难免会有一些主观因素的影响，或者是根据自己的经历而导致一些有偏差的判断。然而根据我们的调查结果，实际上95后与95前在工作价值观方面的差异并不是很大，不同年龄段表现出了较为一致的偏好。但在两个群体各自眼中，对对方的判断却与事实相去较远，这说明两个群体对对方的认识还是存在偏差的，代沟产生的根本原因还是双方的沟通不足，缺乏相应的了解（张峰，王旦旦，2019）。

面对上述现象，组织有必要加强不同年龄段的相互了解。70后、80后肩负着组织管理与决策的重任，其对95后越了解，就越有利于关于新员工的政策制定，使政策制度更有针对性，与95后的特点更契合，从而发挥出最大效用；而对于95后来说，对其他年龄段的正确认识，无疑能够帮助其更好地适应职场生活，避免因判断偏差而导致在组织中遭受一些不必要的阻碍。

二、针对公司管理政策的对策与建议

（一）基于95后当前对公司管理政策看法的对策与建议

1. 基于95后当前对公司基本管理政策看法的对策与建议

本研究对95后及95前对公司管理政策的评价进行了详细分析，根据调查结果，我们提出以下对策与建议。

（1）鼓励员工创新，适当容忍失败。新生代员工具有独特的成长背景，展现出比上一代更强的内在动机与成就需求，组织应根据其特点制定相应的激励机制以提升其创造力（高学礼，2018）。针对创新政策，结果显示，95后和95前中的大部分人都认为应该鼓励创新，并适当宽容创新带来的失败。因此，在创新政策上，企业应当鼓励创新，并且适当宽容创新带来的失败，同时进行风险价值评估，引导员工学习、创新。

（2）加强人文关怀，关注家庭需求。针对工作-家庭平衡政策，结果显示，无论是95后还是95前，都非常注重工作-家庭平衡，认为企业不能只重视员工的工作，而不重视其生活。相较而言，95后对此更看重。这主要是由于95后父母的教育更平等民主，父母同时扮演了朋友的角色，因此95后更向往个人自由，以及不被束缚、轻松愉悦的工作氛围，认为工作是为了更好地生活，不希望一味地工作而牺牲掉家庭生活。因此，企业在政策上应当注重工作-家庭平衡，不能只重视员工的工作，而不重视员工对家庭生活的需求。管理者应加强人文关怀，充分尊重员工的主体意识，重点关注95后的家庭需求，帮助员工处理好工作-家庭冲突带来的压力，或是帮助他们解决家庭困难。

（3）注重制度透明化，杜绝职场不公平。针对个人利益政策，结果显示，95前与95后都偏好个人利益政策需要用透明的制度来解决，但相对而言95后比95前更加偏好用制度来解决。同时，对于加班政策、“老同志”摆老资格问题、办公室政治问题，95后中的大部分人都持否定态度。这是由于，95后具有实用化和功利化的务实价值观，在个人利益问题上有着较强的维权意识，如果职场中出现了不公平、不合法的职场潜规则，例如强制加班不给加班费的情况，95后会采取法律途径维护自己的合法权益。遇到被“老人”因资历的原因而安排了大量非职责以内的工作，95后也会以比较强硬的态度“怼”回去。因此，企业应当建立合理透明的个人绩效考核、薪酬分配和职位晋升机制，根据业绩、测评结果挑选表现出色、业绩优秀的95后进行重点激励。同时杜绝职场内不公平、不合法的职场潜规则，例如“老同志”摆老资格、办公室政治等问题。企业也不应该无节制地要求员工加班，这会降低士气，适得其反。

2. 基于95后当前对公司激励制度与其他管理政策看法的对策与建议

除公司基本管理政策外，本研究还调查了95后对公司激励制度，以及我们认为比较重要的其他管理政策的态度与偏好，以选择更加科学合理的新生代员工激励管理措施，促进企业和新生代员工共同发展，形成“双赢”的局面。根据得到的结论，我们提出以下对策与建议：

（1）迎合95后偏好，长短期激励结合。调查发现，95后认为工作-生活平衡的制度、高薪酬与公平的晋升制度能够更为有效地激励新入职年轻人，且与其他激励制度相比，对这几方面的偏好程度明显更高，属于比较明显的第一梯队。这帮助管理者筛选出了对95后最能产生激励作用的制度。因此，想要更好调动95后的积极性，除了仍要实施激励性的薪酬体系外（倪梦琳，2019），还需要使其有能够平衡好工作与生活的掌控感，并向其展现组织内部公平合理的晋升方式与路径。如果从这几个方面出发去迎合95后的偏好，制定公司内部的政策制度，就能在对95后的激励方面事半功倍。而自由灵活的用工制度、鼓励创新和试错的制度、股权激励制度对95后的激励作用不尽如人意，这并不意味着这些制度本身没有意义，而只是意味着在员工新入职阶段，这些制度可能难以发挥理想的激励作用，因此管理者们需综合考虑95后的偏好，避免出现资源浪费现象。

（2）导师型领导助力95后职业成长。调查发现，95后对导师型的领导类型最为偏好，伙伴型紧随其后。这说明在初入职场这个阶段，95后更希望组织中的领导扮演“传帮带”的角色，在工作中传授其经验，帮助其提高专业能力、解决专业问题，此外，95后也渴望与组织中的领导建立良好的人际关系，像朋友一样相处交往。基于上述调查发现，当95后进入组织后，领导除扮演好导师的角色外，也需要尽可能与95后建立良好的个人关系。两者相互结合更能够满足95后的需求，帮助其平稳地从校园过渡至社会。

（3）做好组织内调研，针对性解决问题。此外，在公司的管理政策是否充分考虑了95后的特点这一问题上，95后中仍有40%的人持否定看法，这说明，仍然有一定比例的95后对公司管理政策不满。在发现问题后，公司可以在组织范围内对新入职95后的看法进行调研，调查其产生不满的原因，对调研结果进行分析，有针对性地选择能够解决的问题，从而使公司管理政策与95后的特点实现更好的匹配。

(二) 基于95前与95后对公司管理政策看法差异与演变的对策与建议

分析了2022年的95后样本对公司管理政策的态度与看法后，我们引入95前的调查数据与2020年的调查数据，分别分析两个年龄段之间的差异，以及时间带来的看法演变，并从中捕捉出有趣现象，同时给出相应的对策与建议。

1. 基于95前与95后对公司管理政策看法差异的对策与建议

(1) 避免盲目要求95后改变信念。95前与95后在对95后入职后工作价值观是否可被塑造这一问题的看法上出现了较为显著的差异。95后持相信自身在进入公司后也不会被公司的环境影响和塑造，能够保持自身工作价值观这一观点的比例，明显高于95前眼中95后进入公司后工作价值观不会被影响和塑造的比例。原因可能是95前进入企业的时间更长，可能经历过入职后工作价值观被影响和塑造的过程，自身经历使其对这个问题持否定态度的比例下降；而95后资历尚浅，进入企业的时间也比较短暂，可能难以察觉企业文化、规章等对个人工作价值观潜移默化的影响与改造，因而仍然对自身工作价值观的稳固性拥有较强的信心。参考95前的经历，工作价值观或许能够被慢慢改造，但组织在制定相关政策时要考虑到95后部分人在该方面持有的否定态度，不能够强行要求其改变或顺应组织潮流，而需要寻找更为温和有效的方式。

(2) 捕捉代际差异，从中发现与解决问题。在对比95前与95后对公司管理政策的看法差异时，我们发现了一个有趣的现象：在公司的管理政策是否充分考虑了95后的特点这一问题上，95前持比95后更为负面的看法。也就是说，95前比95后自身更不认可公司管理政策与95后的适配性。而这一问题，一方面可能是95前对95后的认知和了解不够准确，其认知中的95后与实际的95后存在偏差，从而对公司管理政策与95后的适配性存疑；另一方面可能由于95前有更为丰富的工作经历，并且他们经历过初入职场这一阶段，所以对公司的政策有更为全面深刻的认识，因而从他们的角度看公司的政策没有更好地兼顾95后的特点。既然存在这样的看法差异，那么组织可以展开相应的调查，进一步了解95前消极态度产生的原因，并加以考虑，灵活调整管理政策与制度。

2. 基于95后对公司管理政策看法演变的对策与建议

通过对比2020年与2022年的调查数据，我们捕捉到了95后在这两年里的一些看法演变，基于某些变化趋势，我们提出以下对策与建议。

(1) 顺应95后职业成长，创造包容性、支持性的环境。首先，我们发现，经过两年的时间，95后对公司部分管理政策的看法产生了变化。例如95后对创新的态度更加开放了，渴望尝试创新，希望组织能够提供宽容鼓励的环境的人占比进一步上升，在组织中的经历使95后更乐意大展拳脚，尝试一些新东西，所以组织也应顺应95后的这一特点，为其创造更加开放包容的环境；又如95后开始对离职抱有更加保守的看法，希望公司的培训政策考虑员工休闲放松的诉求等，对于这些变化，组织需要酌情予以重视，以帮助95后更好地适应职场生活，提升其工作满意度。

(2) 从95前的工作价值观演变中汲取有用经验。通过跨度两年的数据对比我们发现，95前虽然年龄更长，工作经验更为丰富，但是对公司管理政策和一些职场现象的态度与偏好并不是一成不变的，随着工作经验的持续增长，其偏好会发生偏移。在95后入职后工作价值观是否会被塑造或同化这一问题上95前的看法也有所"软化"，95前对95后工作价值观的不可塑造性产生了松动，有部分人由原先的认为不可塑造转变成了不确定的态度。这说明在与95后相处的两年时间里，95前认识到了95后在入职后工作价值观潜移默化的改变过程。因而，虽然我们的研究对象为95

后，但95前的一些经验与变化趋势能够从侧面带来新的启发，对此进行捕捉能够帮助我们更好地理解工作价值观演变的问题，并更好地针对95后制定政策，对其工作价值观进行塑造。

（3）动态掌握员工特点，及时更新管理政策。在两年的时间里，95后中认为公司管理政策对其自身特点考虑得不够充分的人占比略有上升，这说明随着在组织中工作年限的增长，95后对自身的利益是否得到满足以及自身的特点是否得到充分考虑，都会进行新的衡量。而职场经验的增加使95后持负面态度的比例增长这一点则说明公司管理政策仍然存在不足，且会逐渐暴露在新员工面前。面对这一问题，组织需要对员工的特点进行动态掌握，及时更新管理政策，保持足够的灵敏度，确保管理政策与员工特点的动态匹配，从而更好地帮助95后成长。

参考文献

[1] 包蕾萍，桑标．习俗还是发生?：生命历程理论视角下的毕生发展．华东师范大学学报（教育科学版），2006，24（1）.

[2] 包蕾萍．深度现代化：80 后 90 后群体的价值冲突与认同．中国青年研究，2019（8）.

[3] 陈红，颜世富．新生代员工工作价值观、心理授权对工作绩效的影响：基于知识型企业的实证研究．科技与经济，2014（2）.

[4] 陈坚，连榕．代际工作价值观发展的研究述评．心理科学进展，2011，19（11）.

[5] 陈坚．代际工作价值观发展研究．福州：福建师范大学，2012.

[6] 邓希泉．“90 后”新价值观研究．思想理论教育，2016（9）.

[7] 都雨朦．95 后新生代员工工作价值观成因及特征．黑龙江人力资源和社会保障，2022（7）.

[8] 高学礼．组织激励错位与新生代员工创造力的负关系研究．领导科学，2018（2）.

[9] 宫敏燕．当代青年群体价值观的代际特征及培育路径研究：以 80 后、90 后及 00 后为例．兰州教育学院学报，2017（4）.

[10] 何奎，战玲玲．基于组织认同的新生代员工激励机制研究．管

理观察，2018（12）.

［11］洪莉．80后员工保留策略探讨：以Z企业为例．中国人力资源开发，2009（2）.

［12］侯烜方，卢福财．新生代工作价值观、内在动机对工作绩效影响：组织文化的调节效应．管理评论，2018（4）.

［13］侯烜方，李燕萍，涂乙冬．新生代工作价值观结构、测量及对绩效影响．心理学报，2014（6）.

［14］胡丽丽，王刚．心理契约视角下新生代员工激励策略研究．经营与管理，2020（9）.

［15］黄爱兰．基于新生代员工满意度调查的人力资源激励策略．中国商论，2017（22）.

［16］黄军荣．关于新生代员工有效激励的探索．中国管理信息化，2022（1）.

［17］李宁．中小企业95后新生代员工激励对策研究：基于心理契约理论．现代商贸工业，2020（32）.

［18］李万县，李淑卿，李丹．工作价值观代际差异实证研究．河北农业大学学报（农林教育版），2008，10（1）.

［19］李燕萍，侯烜方．新生代员工工作价值观结构及其对工作行为的影响机理．经济管理，2012（5）.

［20］李一苇．“90后”新生代员工的人力资源管理问题与对策研究．农村经济与科技，2021（3）.

［21］林新奇，苏伟琳．社会交换理论视域下的新生代员工激励管理研究．现代管理科学，2017（5）.

［22］刘凤香．工作场所中工作价值观代际差异的产生机制和影响因素研究．哈尔滨师范大学社会科学学报，2012（3）.

［23］刘凤香．员工工作价值观代际差异研究．天津：南开大

学，2011.

［24］卢纪华，陈丽莉，赵希男．组织支持感、组织承诺与知识型员工敬业度的关系研究．科学学与科学技术管理，2013（1）.

［25］栾贞增，杨东涛，詹小慧．代际差异视角下工作价值观对员工创新绩效的影响研究．管理学报，2017，14（3）.

［26］倪梦琳．基于超 Y 理论的 90 后新生代员工多元化激励策略研究. 现代营销（信息版），2019（9）.

［27］钱士茹，徐自强，王灵巧．新生代员工心理契约破裂和离职倾向的关系研究．现代财经（天津财经大学学报），2015（2）.

［28］强国民．“80”后员工管理问题探析．人才开发，2008（1）.

［29］佘双好．“80 后”眼中的“80 后”：对“80”后青少年的一种质性研究．当代青年研究，2009（4）.

［30］苏晓艳，苏俊，田海英．员工-组织价值观匹配的代际差异及其对挑战性组织公民行为的影响．管理工程学报，2021（5）.

［31］孙美佳．“80 后”“90 后”新生代员工的价值观透视及有效激励．领导科学，2017（19）.

［32］覃芳．90 后新生代员工工作价值观研究．南宁：广西大学，2018.

［33］汪群，赵梦雨，李卉，等．新生代员工工作价值观与工作绩效：工作投入的中介效应．兰州大学学报（社会科学版），2017（4）.

［34］王哲．企业 90 后新生代员工的激励问题研究．商场现代化，2018（12）.

［35］魏莉莉．青年群体的代际价值观转变：基于 90 后与 80 后的比较. 中国青年研究，2016（10）.

［36］吴丹．新生代员工工作价值观、组织社会化策略对公民行为作用的多层次研究．武汉：武汉大学，2015.

[37] 肖冬霞．HT 上海分公司“新生代”员工激励机制优化策略研究. 上海：华东理工大学，2016.

[38] 谢玉华，陈佳．新生代员工参与需求对领导风格偏好的影响．管理学报，2014（9）.

[39] 杨丽伟．新生代员工心理行为及管理对策研究．现代商贸工业，2021（7）.

[40] 杨敏，张亚．工作价值观代际差异对员工敬业度的影响：关系网络的调节机制．经营与管理，2018（9）.

[41] 杨柠屹．激励机制对新生代员工忠诚度的影响研究．现代商贸工业，2021（4）.

[42] 杨涛，马君，张昊民．新生代员工的工作动力机制及组织激励错位对创造力的抑制．经济管理，2015（5）.

[43] 姚辉，梁嘉祺．新生代员工的工作价值观构成及对留职意愿的影响研究．中国人力资源开发，2017（4）.

[44] 张峰，王旦旦．从 Y 世代到零零后：新生代员工的管理对策研究．中国商论，2019（22）.

[45] 张光磊，陈汇，刘文兴．兼爱而相诺：基于代际特征的权力距离感知差异对员工工作绩效影响的案例研究．管理评论，2018（11）.

[46] 张可．企业与新生代员工心理契约之构建．学术交流，2013（5）.

[47] 张伶，聂婷，赵梅．新生代员工组织社会化对心理契约和利他行为的影响：职业效能的调节效应．华南师范大学学报（社会科学版），2017（2）.

[48] 赵宜萱，赵曙明，徐云飞．基于 20 年成就方式数据的中国员工代际差异研究．管理学报，2019（12）.

[49] 周文斌，张萍，蒋明雅．中国企业新生代员工的敬业度研究：

基于薪酬满意度视角．经济管理，2013（10）.

［50］COGIN J. Are generational differences in work values fact or fiction? Multi-country evidence and implications. International Journal of Human Resource Management，2012，23（11）.

［51］PLATTEAU E，HONDEGHEM A. The challenge of age diversity：intergenerational conflict in the case of ‘greying’ local governments in Flanders. International Conference of the Dutch HRM Network，Date：2009/11/13-2009/11/14，Location：Amsterdam，The Netherlands.

［52］SMOLA K W，SUTTON C D. Generational differences：revisiting generational work values for the new millennium. Journal of Organizational Behavior，2002，23（4）.

图书在版编目（CIP）数据

中国新生代员工激励和管理研究报告．2022／徐世勇主编；王艺晓，俞佳副主编．--北京：中国人民大学出版社，2022.12

（中国人民大学研究报告系列）

ISBN 978-7-300-31416-7

Ⅰ.①中… Ⅱ.①徐… ②王… ③俞… Ⅲ.①企业管理-人事管理-激励-研究报告-中国-2022 Ⅳ.①F279.23

中国国家版本馆 CIP 数据核字（2023）第 016697 号

中国人民大学研究报告系列

中国新生代员工激励和管理研究报告 2022

主　编　徐世勇

副主编　王艺晓　俞　佳

Zhongguo Xinshengdai Yuangong Jili he Guanli Yanjiu Baogao 2022

出版发行	中国人民大学出版社		
社　　址	北京中关村大街 31 号	**邮政编码**	100080
电　　话	010－62511242（总编室）		010－62511770（质管部）
	010－82501766（邮购部）		010－62514148（门市部）
	010－62515195（发行公司）		010－62515275（盗版举报）
网　　址	http://www.crup.com.cn		
经　　销	新华书店		
印　　刷	固安县铭成印刷有限公司		
规　　格	185 mm×260 mm　16 开本	**版　　次**	2022 年 12 月第 1 版
印　　张	12.5 插页 1	**印　　次**	2024 年 9 月第 3 次印刷
字　　数	162 000	**定　　价**	69.00 元